ERICH SCHÜTZ

Bodensee

66 LIEBLINGSPLÄTZE
und 11 Köche

ERICH SCHÜTZ

Bodensee

FÜR SEEHASEN UND GRENZGÄNGER

GMEINER

Autor und Verlag haben alle Informationen geprüft. Gleichwohl wissen wir, dass sich Gegebenheiten im Verlauf der Zeit ändern, daher erfolgen alle Angaben ohne Gewähr. Sollten Sie Feedback haben, bitte schreiben Sie uns! Über Ihre Rückmeldung zum Buch freuen sich Autor und Verlag: lieblingsplaetze@gmeiner-verlag.de

Besuchen Sie uns im Internet:
www.gmeiner-verlag.de

4., überarbeitete Auflage 2013
© 2011 – Gmeiner-Verlag GmbH
Im Ehnried 5, 88605 Meßkirch
Telefon 07575/2095-0
info@gmeiner-verlag.de
Alle Rechte vorbehalten

Lektorat: Claudia Senghaas, Kirchardt
Bild-Recherche: Martina Schütz, Überlingen
Umschlaggestaltung: U.O.R.G., Lutz Eberle, Stuttgart
unter Verwendung des Fotos »Landungssteg in Allensbach am Bodensee«
des Kultur- und Verkehrsbüros Allensbach
Druck: AZ Druck und Datentechnik GmbH, Kempten
Printed in Germany
ISBN 978-3-8392-1166-3

ÜBERLINGER SEE

66 ORTE SIND DIE KÜR – ZEHN DIE PFLICHT
Vorwort

Wer glaubt, den Bodensee zu kennen, der sollte die 66 Bodensee-Orte dieses Buches aufgesucht haben – da gibt es kein wenn und aber. Und wer dann noch den Genuss der Bodensee-Küche geschmeckt haben will, der muss bei den elf vorgestellten Bodensee-Köchen eingekehrt sein, um zu wissen, wie vielfältig und schmackhaft der Bodensee ist. Punktum.

66 Orte, das heißt 66 Tage, darunter geht nichts, um sich als Kenner der Bodenseeregion auszugeben. Doch wer nur einen Kurzurlaub in der Region verbringt, der muss zumindest die zehn folgenden Top-Tipps besucht haben, um eine Ahnung von der Geschichte und dem Leben in der Bodenseeregion zu bekommen.

An Konstanz (Seite 45) führt kein Weg vorbei. Hier, zwischen dem Ober- und dem Untersee, genau am Beginn des Rheinlaufs, pulsierte im Mittelalter das Leben. In einem alten Kaufhaus wurde der Papst gewählt, im Münster tagte das Konzil und im heutigen Inselhotel war Jan Hus, ein Vorläufer Martin Luthers, eingesperrt. Später wurde er heimtückisch verbrannt. Die Stadt ist heute eine junge Universitätsstadt, hat ein eigenes Stadttheater, jetzt auch Kneipen am Hafen und wunderschöne Winkel in der Altstadt, dazu das Hörnle, Intreff aller Badefreunde. Ein Rundweg durch die Altstadt gehört zum Pflichtprogramm.

In Friedrichshafen (Seite 59), auf der anderen Seite des Bodensees, startete die industrielle Revolution der Schwaben. Selbst ein gewisser Gottlieb Daimler versuchte sich hier zunächst mit Motorbooten, bevor er die Erfolgsstory des Automobils schrieb. Nach ihm sorgte Graf Ferdinand von Zeppelin mit seinen ›fliegenden Zigarren‹ für ein neues Kapitel im bis dahin beschaulichen Hafenstädtchen. Heute ist Friedrichshafen eine moderne Industriestadt, selbst auf der weitläufigen, äußerst schönen Promenade stolpert der Besucher immer wieder über Zeugnisse der industriellen Revolution. Ein Besuch im Zeppelinmuseum – ein Muss!

Im bayerischen Lindau (Seite 69) und österreichischen Bregenz (Seite 15) ticken die Uhren anders. Beide Städte locken mit ihrer historischen Kulisse und einer besonderen, idyllischen Ruhe in der Altstadt. Dazu der Blick vom Pfänder über den See und von den Freiluftrangen der Bregenzer Festspielbühne auf die Bühne im See. Ideal für jedes Ferienprogramm.

Im österreichischen Rheindelta und dem schweizerischen Rheineck (Seite 33) wird deutlich, wie der Bodensee sich speist. Wer das Naturgewässer verstehen will, muss den Seezufluss gesehen haben, und auf der anderen Seite bei Stein am Rhein (Seite 179) den Seeabfluss. Dazwischen liegen 571 Quadratkilometer Seefläche, 273 Kilometer Uferlänge und Seetiefen bis zu 254 Metern. Ein zusätzliches Highlight dazu im Anschluss: Schaffhausen (Seite 183) und der größte Wasserfall Europas.

Die älteste Burg Deutschlands steht in Meersburg (Seite 91). Die Burg und das Schlossensemble, ein einzigartiges Arrangement prachtvoller Bauten, wie überhaupt die gesamte Altstadt. Im Rathaus hängen die wohl ältesten Fotografien von Stadtansichten. Ihre Bilder überraschen mit der fast unveränderten Wirklichkeit der Gebäude und Straßenzüge des heutigen Meersburg. Nicht nur für Japaner und Amerikaner ein Pflichtbesuch.

Hinter Meersburg erschließt sich der Linzgau (Seite 129). Vielleicht die schönste Landschaft des gesamten Hintersees. Liebhaber nennen die Gegend ›Toskana des Bodensees‹. Hier reichen die Weinreben bis zu den Ufern des Sees und im Hinterland blühen die Apfelbäume. Die frühere Reichstadt Überlingen gilt als die heimliche Hauptstadt des beschaulichen Linzgaus. Überlingen selbst lockt mit dem Flair der Côte d'Azur. Eine Genussregion, die man kosten muss.

Ebenfalls die Idylle des Sees im Blick, Ruhe und Abgeschiedenheit und doch eine bedeutende Zeit am See, sind auf der Halbinsel Höri zu entdecken. Rund um den Schiener Berg (Seite 159) siedelten sich schon vor dem Krieg, aber auch während der Nazi-Diktatur, Künstler am Bodensee an. Auf ihren Spuren erblickt man künstlerische Sichtweisen in der Bodenseeregion. Die Höri selbst soll nach der ureigenen Bodensee-Schöpfungslegende der Herrgott zum Schluss geschaffen haben. Danach war ihm wohl klar, schöner geht's nimmer, deshalb soll er mit den Worten kapituliert haben: ›Jetzt hör-i auf!‹

Unser Tipp dagegen: Blättern Sie weiter, durch die 66 Bodensee-Orte, die Sie besucht haben müssen!

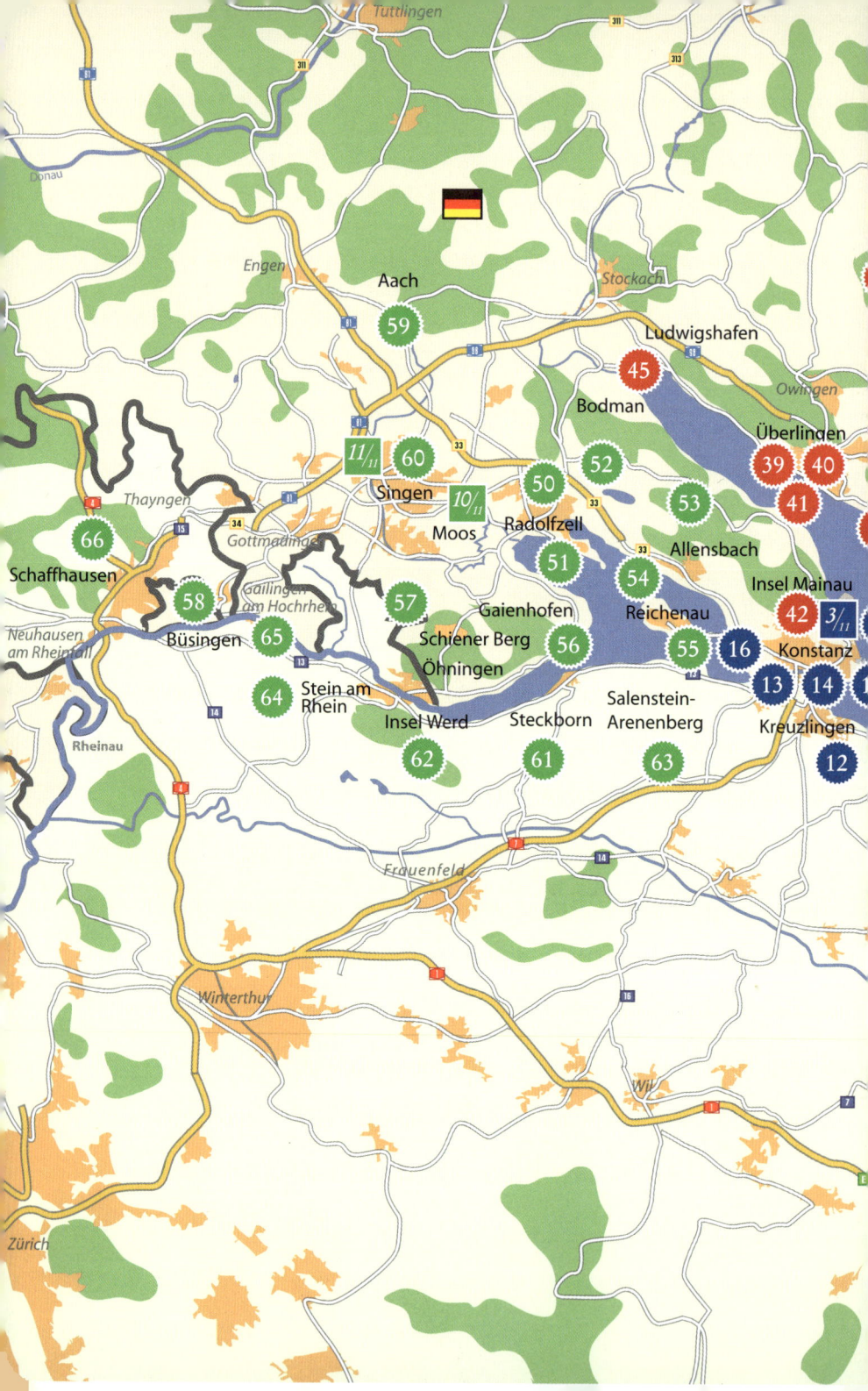

Obersee ●
Überlinger See ●
Untersee ●
Gourmet-Tipp ■

Bad Waldsee

Illmensee
37

38 Höchsten **36**
Heiligenberg **7/11**

heute
n

Wolfegg
28

Weingarten **27**

Ravensburg

Deggenhausertal

35

Gebrazh

26

ruhldingen

Markdorf

34

Bodnegg

96
Wangen
im Allgäu

2 **33** **31**
Immenstaad

ersburg

Friedrichshafen

Tettnang

29

Maria Thann

18

19 **20** **21** **22**

4/11

Langenargen

Lindenberg
im Allgäu

30

Kressbronn

Nonnenhorn

6/11

Lindau

25

Romanshorn

23

24

wil

13

5/11

1/11

Arbon

14

11

13

Lochau

4

2 **3**

Hard

Bregenz

St. Gallen

9

E60

1

Rheineck

Lustenau

8

6

1

5

Hohenems

7

7

atis

EINE STADT MIT ZWEI GESICHTERN

Bregenz

Manhattan am Bodensee? Der Wolkenkratzer symbolisiert die Groß-stadt in Bernsteins Musical ›West Side Story‹. Manfred Achberger ist einer der vier Bühnenmeister der Bregenzer Festspiele. Er ist für die Sicherheit der Seebühne verantwortlich. Immer wenn die Wind-stärken am Bodensee zunehmen, ist der Bühnenmeister gefordert. Er muss hinauf in die Kulissen: »Ein mulmiges Gefühl«, gibt er mit kummervollem Blick zu. »Aber wenn dann alles überstanden ist«, strahlt er, »dann gebührt ein Teil des Beifalls auch unserer Technik.«

Nicht weit von der Hollywood-Kulisse der Seebühne entfernt ein ganz anderer Anblick: die Oberstadt, gebaut wie eine große Burg-anlage mit einem mächtigen Eingangstor. Hoch über der Unterstadt, hinter dickem Gemäuer, ticken die Uhren anders, ohne Hektik, ohne Festspielglanz. Hier oben wohnt die 83-jährige Grete Pasi. Sie ist in der Oberstadt geboren und aufgewachsen. Sie weiß, wie es früher war, und wünscht sich, dass die Oberstadt so bleibt, wie sie heute ist.

Die Seebühne dagegen will Veränderung, alle zwei Jahre ein neues Gesicht. Je nach Spielplan steht auf ihr eine andere Kulisse. Die Festspiele haben Bregenz berühmt gemacht. Das Städtchen am öst-lichsten Zipfel des Sees bewegt sich auf internationalem Parkett, ob-wohl es gerade mal 28.000 Einwohner zählt. 2008 wurde dazu noch James Bond gedreht: ›Ein Quantum Trost‹. Da stand das Städtchen endgültig Kopf.

Oben in der idyllischen Altstadt hat Grete Pasi ›die da unten‹ machen lassen. Sie musste wie immer als Mesnerin die kleine Mar-tinskapelle pflegen. Nur etwa 100 Kirchgänger haben darin Platz. Im Chorraum der Kapelle: ein Freskenzyklus. Bibelgeschichten in Bil-dern, angefertigt für Gläubige, die im Mittelalter nicht lesen konnten. Der Zyklus war fast drei Jahrhunderte übertüncht, bis er entdeckt und in den 1950er-Jahren restauriert wurde. Direkt über der Kapelle: der Martinsturm, das Wahrzeichen von Bregenz. Die mächtige Zwie-belkuppel stammt aus dem 16. Jahrhundert. Von Frühjahr bis in den Herbst können Besucher den Turm besteigen.

☞ In der Oberstadt das ›Deuring Schlössle‹, früher Adelssitz; heute verbirgt sich hinter der barocken Fassade ein Haubenrestaurant.

KUNSTHAUS BREGENZ /// KARL TIZIAN PLATZ ///
A-6900 BREGENZ // 00 43 / 55 74 / 48 59 40 ///
WWW.KUNSTHAUS-BREGENZ.AT ///

RAFFINIERTE ARCHITEKTUR
Bregenz – Kunsthaus

Wie große Wohnboxen ragen die Häuser aus dem Pfänderhang. Eine eigenwillige Architektur kennzeichnet das neue Bregenz. Die kantige Wohnwelt entstammt der Vorarlberger Bauschule, einst junge rebellierende Architekten, die sich gegen das Establishment verbündeten, inzwischen etabliert und europaweit anerkannt.

Die Bauten bestehen überwiegend aus Glas, Holz und Beton. Die moderne Architektur zieht die Blicke auf sich. Die Häuser säumen den Pfänderhang über Bregenz wie gläserne Würfel, die vom Himmel gefallen sind und sich am Berg festgesetzt haben. Der Vorarlberger Bauschule wird ein ausgeprägter Sinn für Ökonomie nachgesagt. Die vielen hellen Fenster der geschmackvollen Häuser bestehen aus dickem, gut isolierendem Glas, das die Sonne hereinlässt und die Heizkosten senkt.

Das Kunsthaus in der Unterstadt gehört nicht zur Vorarlberger Bauschule. Trotzdem: ausgesprochen futuristisch. Ein Kubus, 30 Meter hoch, mit einer Hülle aus mattem Glas, die sich wie eine zweite Haut um das Gebäude legt. Der Schweizer Architekt Peter Zumthor hat es entworfen. Das markante quaderförmige Gebäude steht direkt an der Uferstraße des Bodensees. Zwischen der äußeren Glasfassade und dem eigentlichen Gebäude sind farbige Leuchtstoffröhren angebracht, die das Gebäude nachts bunt strahlen lassen. Innen dominiert ein schwarzer Terrazzoboden. Nur drei Wandscheiben unterbrechen die Weitläufigkeit der einzelnen Etagen, die durch das rundherum einfallende sanfte Tageslicht und eine Lichtdecke bestimmt ist.

Kein Bregenzer, sondern ein Brandenburger war jahrelang der Leiter im Kunsthaus. Eckard Schneider hat das KUB, wie es die Bregenzer nennen, mit spektakulären Ausstellungen etabliert. Die Architektur und die Bregenzer Weltoffenheit haben ihm dabei geholfen. Sein Urteil über den hintersten Winkel des Bodenseeraums: »So eine Region würde sich diese Architektur nicht schaffen, wenn sie nicht aufgeschlossen wäre, neugierig auf neue Herausforderungen.«

✍ Bregenz und Vorarlberg: auch ein Mekka für Architekturinteressierte. Das Touristikamt bietet Führungen durch die Baukunst an.

DER OLYMP DER URLAUBSGÖTTER
Bregenz - Pfänder

Der einzigartige Ausblick auf den Bodensee, Österreich, Deutschland, die Schweiz und 240 Alpengipfel macht den Pfänder zum berühmtesten Aussichtspunkt der Region. Von hier aus sieht man den gesamten 63 Kilometer langen und 14 Kilometer breiten Bodensee in seinem ganzen Ausmaß – wenn das Wetter mitspielt!

Die Bregenzer leben zwischen zwei Welten: einer Seewelt, die vor allem im Sommer dominiert, und einer Bergwelt, die im Winter im Mittelpunkt steht. Direkt hinter der Stadt baut sich der Pfänder auf, eines der beliebtesten Ausflugsziele für Einheimische und Besucher. Für die Bregenzer ist der Pfänder ihr Hausberg und so verstehen sie ihn auch. Der Fußmarsch auf die 1.064 Meter hohe Spitze gehört für viele zum täglichen Fitnessprogramm. Der sportliche Bregenzer fährt deshalb nicht mit der Gondel nach oben, höchstens herunter. Die Fahrt dauert nur sechs Minuten – der Anstieg von Bregenz Oberstadt über Fluh auf den Pfänder dagegen zwei Stunden.

Aber wer oben ankommt, staunt: Bei klarem Wetter reicht der Dreiländer-Blick von den Allgäuer und Lechtaler Alpen über den Bregenzerwald, die steilen Gipfel des Arlbergs und der Silvretta, über den Rätikon bis zu den Schweizer Bergen.

Vielleicht schaut man dabei ein bisschen neidisch auf die über dem Gipfel kreisenden Vögel. Die schwarzen Greifer gehören zur Pfänder Adlerwarte, die am Wildparkrundwanderweg liegt, nur zehn Minuten von der Bergstation entfernt. Nach atemberaubenden Flügen kehren die Vögel zum Falkner zurück. Verhalten und Lebensgewohnheiten dieser teilweise in ihrem Bestand bedrohten Tiere werden ausführlich erläutert.

Steinböcke, Mufflons, Murmeltiere oder Wildschweine, im Alpenwildpark leben die heimischen Tiere in ihrem natürlichen Lebensraum. Wer auf die Pirsch geht, wird viele von ihnen treffen, der Eintritt in den Wildpark ist frei.

Aber Achtung: Auf der Terrasse des Berghauses sollte man sein Schnitzel nicht unbeaufsichtigt lassen. Diebe lauern auf jeden Happen. Sie kommen aus der Luft, wie Felix, der rote Milan.

🖉   Der Rundweg von Eichenberg über den Pfänderrücken ist fast identisch mit dem ›Josef-Rupp-Käsewanderweg‹.

**HOHENTWIEL SCHIFFFAHRTSGESELLSCHAFT M. B. H. ///
LINDAUERSTRASSE 84 /// A-6912 HÖRBRANZ ///
00 43 / 55 73 / 8 39 83 11 /// WWW.HOHENTWIEL.COM ///**

»S'got, s'got, s'got!«, rufen die Häfler begeistert. Eine Maschine treibt das hölzerne Boot Wilhelm, wie von Geisterhand bewegt, hinaus auf den See. Angetrieben werden seine hölzernen Schaufeln an einem Rad von einer großdimensionierten Wasserdampfmaschine. Es war im Jahre 1824, als das Dampfboot Wilhelm zum ersten Mal die Schaufelräder drehte. Aus dieser Zeit überlebt hat als einziges Dampfschiff auf dem Bodensee nur die Hohentwiel.

Majestätisch gleitet sie an Sonnentagen über den Bodensee. Doch das alte Dampfschiff hat viele Winde und tödliche Stürme über sich ergehen lassen müssen, bis es heute als einzigartiger Zeuge einer glanzvollen Epoche der Schifffahrt gelten darf. Kapitän Adolf Franz Konstantzky und seine Mannschaft steuern das alte Schiff mit Leidenschaft und Stolz. »Wer sich mit der Hohentwiel beschäftigt, weiß, dass sie zu den schönsten Schiffen der Welt zählt«, behauptet der Kapitän in schmucker Uniform stolz.

Die Geräusche, Gerüche und der gesamte Aufbau des Dampfschiffes erzählen von einer längst vergangenen Zeit der einstigen glorreichen Schifffahrt des Bodensees. Und auch die Mannschaft der Hohentwiel will mit ihrer Erscheinung die einstige Königlich Württembergische Flotte repräsentieren. Auch deshalb ist die Hohentwiel heute nicht nur für Nostalgiker das schlichtweg schönste Schiff auf dem Bodensee.

Mit tausend PS schnurrt die für alle Passagiere frei sichtbare Dampfmaschine unaufhörlich vor sich hin. Unzählige Seemeilen hat sie schon geschafft. Seit ihrer jüngsten Wiederinbetriebnahme ist sie schon öfter rund um die Welt gedampft. Vor dem endgültigen Aus braucht ›die alte Dame‹ sich nicht mehr zu fürchten. Christian Hämmerle ist der Chef-Maschinist. Er kennt jede Schraube der Dampfmaschine. Jedes Teil ist noch original. Die Maschine läuft heute noch genauso wie vor fast 100 Jahren. »Das ist wie mit dem ersten Auto, ich kenne jedes Schnaufen und jeden Seufzer der alten Lady«, sagt er mit den leuchtenden Augen eines Kindes.

🖉   Buchen Sie eine Gourmetfahrt ab Hard und lassen Sie sich königlich bedienen wie zur Zeit der Belle-Epoque.

Vor dem Ortskern verfällt ein alter jüdischer Friedhof, das Feuerwehrhaus ähnelt in seinem Baustil einer Synagoge und eine herrschaftliche Villa mit dem Namen ›Heimann-Rosenthal‹ prangt inmitten der Altstadt. In jeder Ecke von Hohenems zeigt sich ehemaliges jüdisches Leben. Der jüdische Stempel konnte auf Dauer gar nicht verheimlicht werden in einer Stadt, in der die Juden nicht immer in der Minderheit waren.

»Es ist ein lebendiger, frischer Ort«, sagt Hanno Loewy, »hier lassen sich auch heikle Themen entspannt besprechen.« Der heutige Museumsleiter hat seine ersten Erfahrungen zum Thema ›Juden in Europa‹ in Frankfurt am Main hinter sich. In Hohenems fühlt er sich zu Hause.

Es ist auch das Erbe der Hohenemser Grafen. Sie hatten im 19. Jahrhundert eine äußerst liberale Europapolitik vorangetrieben und schon vor der Niederlassungsfreiheit jüdische Bürger willkommen geheißen. Die Juden dankten es den Grafen und engagierten sich im kommunalen Leben. Sie errichteten ein eigenes Armenhaus, eine jüdische Schule und auch das erste Kaffeehaus. Die Juden waren eine selbstbewusste Gemeinde, den Christen ebenbürtig, beide Konfessionsangehörigen lebten in ihren Stadtvierteln: die Juden in der Judengasse und die Christen in der Christengasse, eine einmalige ausgeglichene Situation in Europa. Bis zum Ende des Dritten Reiches wohnten keine Juden mehr in Hohenems.

Erst die 68er stellten die Fragen: Wie sah das Feuerwehrhaus vor dem Umbau aus? Wo stand die jüdische Schule einst und wer liegt auf dem jüdischen Friedhof? Fragen, die seit 1991 das jüdische Museum in der ehemaligen Judengasse, der heutigen Schweizer Straße, beantwortet. Ein Stadtrundgang vermittelt die Geschichte des jüdischen Hohenems. In der 1864 erbauten Villa Heimann-Rosenthal wird eine einzigartige Epoche der kleinen Grafschaft dokumentiert. Nach Meinung der amerikanischen Wochenzeitung ›Forward‹ eines der innovativsten jüdischen Museen in Europa.

✎ Vom Jüdischen Viertel über den Renaissancepalast und die Ruinen auf dem Schlossberg lässt sich die Geschichte erwandern.

RHEIN-SCHAUEN /// MUSEUM- UND RHEINBÄHNLE ///
HÖCHSTER STRASSE 34 /// A-6893 LUSTENAU ///
00 43 / 55 77 / 2 05 39 /// WWW.RHEINSCHAUEN.AT ///

RHEINBEGRADIGUNG,
DAS IST EIN JAHRHUNDERTPROJEKT
Lustenau

Seit Jahrhunderten ist der Rhein die natürliche Grenze zwischen Österreich und der Schweiz. Aber das Flussbett des Rheins verändert sich ständig. Seit dem 19. Jahrhundert wird versucht, seinen Lauf zu regulieren. Mit einer Museumsbahn kann man heute über den Damm des Rheins fahren. Früher hat das Bähnchen große Steine aus den Steinbrüchen der Alpen gebracht, um die Dämme zu befestigen. Die Arbeiten hören immer noch nicht auf, auch wenn das Bähnchen heute nur noch Touristen statt Steine befördert.

Aber der Rhein plagt die Planer weiter. Täglich bringt er Massen an Schotter, Geröll und Kies aus den Alpen Richtung See. Damit werden auch die Ingenieure der heutigen Hochschulen so leicht nicht fertig. Deshalb lassen sie ausbaggern, was geht. Doch der Rhein schwemmt mehr an, als die Menschen ausbaggern können.

Rheinbegradigung, das ist ein Jahrhundertprojekt. Das Museum ›Rhein-Schauen‹ bei Lustenau erklärt es. Die Planung nahm ihren Anfang im 19. Jahrhunderts mit Luigi Nigrelli, dem späteren Architekten des Suezkanals. Was man damals nicht ahnte: Der begradigte Rhein bringt noch schneller und ungehemmter noch größere Mengen an Material direkt in den Bodensee. Mit der Gefahr, dass der Obersee vor Bregenz versandet. Das heißt: Würde man die Geröllmassen, die der Rhein in den See spült, einfach auf dem Seegrund liegen lassen, läge Bregenz längst nicht mehr am Bodensee und vermutlich wäre auch schon Lindau vom Obersee abgegrenzt. Das ist der Grund, warum heute der Rhein als Fluss bis weit zur Mitte des Sees geleitet werden muss. Denn erst dort ist er hundert Meter tief, erst dort kann das Geröll in der Seetiefe versinken.

Was die Ingenieure ebenfalls nicht berechnet hatten: Entlang des ganzen Damms sind neue, unberührte Naturoasen entstanden. Naturschutzgebiete wie Vögel haben Staatsgrenzen schon immer ignoriert. Und auch die Anwohner können heute grenzenlos unterwegs sein.

✍ Man sollte zuerst das Museum ›Rhein-Schauen‹ besuchen, danach über den Damm bis zur Seemitte wandern, oder mit der Museumsbahn fahren. Nur so versteht man die gewaltigen Anstrengungen.

RESTAURANT MANGOLD /// PFÄNDERSTRASSE 3 ///
A-6911 LOCHAU /// 00 43 / 55 74 / 4 24 31 ///
WWW.RESTAURANT-MANGOLD.AT ///

MIKE SCHWARZENBACHER WILL INS GERICHT ›EINI‹ SITZEN

Gourmet-Tipp: Bregenz-Lochau

»Man muss in ein Gericht eini sitzen können«, sagt Küchenchef Mike Schwarzenbacher mit seinem österreichischen Dialekt und lacht. Auf gut Deutsch meint er: Es muss so schmecken, dass man sich reinlegen will. Den ersten Schritt dafür macht der ambitionierte Koch über den Markt. Denn Schwarzenbacher will frische Produkte, was geht, soll biologisch gezüchtet und artgerecht gezogen worden sein. Regionale Bodenseegenüsse sind für ihn Pflicht.

Küchenchef Mike Schwarzenbacher kommt aus der Mozart-stadt Salzburg, ist aber längst ein echter Bodensee-Koch. Er sucht gezielt, was vor seiner Haustür im Vorarlberg wächst, und verwendet, was ihm die Bauern liefern. »Wenn man den guten Geschmack sucht, braucht es besondere Produkte«, weiß er und setzt, wann immer es geht, auf kleine Erzeuger der Region. »Ein Feldsalat vom Biobauern schmeckt einfach viel intensiver«, erklärt der leidenschaftliche Koch. »Wer sich Zeit lässt und mit Genuss zu essen versteht, der schmeckt die Region und die Kraft in jedem Blatt«, ist er überzeugt.

Bei aller Liebe zur Region blickt der viel gereiste Koch aber auch über den Vorarlberger Tellerrand. Zwar bietet er regional zum Beispiel an: Bodenseesaiblingsfilet mit Weißwein-Limonenöl-Na-ge, Ofentomaten und Kartoffel-Spargel-Gröstl oder Carpaccio vom Rind mit gebackenem Kalbskopf und Parmesan, aber auch marinierte Calamaretti mit eingelegtem Gemüse und Auberginen-Pimento-Pü-ree oder weißen Cavaillon-Spargel mit roh mariniertem Thunfisch.

Die Schwarzenbachers pflegen auch in der Gaststube die Tra-dition des Vorarlbergs. In der heimeligen ›Wälderstubn‹ servieren sie österreichische Weine von kleinen Winzern.

Segler, die im nahen Hafen von Lochau anlegen, gehören zu den Stammgästen, die das Flair des Hauses und die Terrasse schätzen. »Es muss nicht immer Mittelmeer sein«, bricht Mike Schwarzenbacher eine Lanze für die Leichtigkeit des Seins am Bodensee. Wer Gast im ›Mangold‹ war, weiß davon ein Loblied zu singen.

✍ Lassen Sie sich am Käsewagen von Vera Sinz beraten. Sie ist eine staatlich geprüfte Käse-Sommelière!

HAT DER SÄNTIS EINEN HUT –
WIRD DAS WETTER GUT
Säntis

Der Säntis ist der Hausberg des Bodensees. Meistens hat man ihn im Blick, sofern das Wetter mitspielt. Weil man diesen Riesen fast immer sieht, will er auch erklommen sein. »Komm rauf – kannst runterschauen!«, locken die Appenzeller.

Er ist weiter weg, als man denkt, wenn man ihn sieht. Er scheint zum Greifen nah. Man muss von Kreuzlingen bis zum Fuß des Säntis schon eine Stunde Fahrtzeit mit dem Auto einkalkulieren. Wer dann von Unterwasser aus auf den Säntisgipfel hoch wandern will, hat zwar nur noch eine kurze Strecke von zehn Kilometern vor sich, aber Vorsicht! Diese Kilometer haben es in sich und wollen erklommen werden; ganz genau sind es 1.598 Höhenmeter auf den 2.502 Meter hohen Gipfel. Mit der Gondel eine kurze Affäre von 20 Minuten.

Doch nicht immer war das Leben auf dem Säntis so bunt wie heute. Rund um den Berg ranken sich Mythen und Schauergeschichten. Lange war es einsam in der Wetterwarte, besonders in den ausgedehnten Wintermonaten. Es gab noch keine Seilbahn und Besuch kam nur selten auf den Berg. Es geschah am 21. Februar 1922, als es während eines bitteren Schneesturms an die Tür des Wetterwart-Ehepaars Haas klopfte. Wer sollte so spät noch unterwegs sein? Sicher ist heute, dass das junge Paar öffnete, der fremde Gast aber ihr Mörder werden sollte. ›Säntiswetter‹ heißt das Buch von Bruno Meier, das die Freuden und Leiden der Wetterwarte von 1880 bis 1970 schildert.

Auch die heutige Bergstation ist von der Schweizer Wetterwarte geprägt. Bei klarer Sicht, meist bei Föhnwetter, sieht man vom deutschen Seeufer die Wetterstation und sogar die Funkantennen auf dem mächtigen Gesteinsbrocken. Während die Züricher Wetterfrösche vom Säntis über die Funkantennen die aktuellen Wetterdaten zugespielt bekommen, reicht den meisten Bauern ein kurzer Blick zum Berg und ihre Weisheit: Hat der Säntis einen Hut, wird das Wetter gut – hat er einen Degen, bringt's Regen! Für Wanderer gilt der Zusatz: Hat der Säntis einen Kragen, sollte man die Besteigung nicht wagen!

Naturerlebnispark Schwägalp/Säntis vermittelt Natur, Kultur und Tradition der Region. Mehr Info: www.naturerlebnispark.ch

ST. GALLEN-BODENSEE TOURISMUS /// BAHNHOFPLATZ 1 A ///
CH-9001 ST. GALLEN /// OO 41 / 71 / 2 27 37 37 ///
WWW.ST.GALLEN-BODENSEE.CH ///

EIN FESTSAAL DER WISSENSCHAFT
St. Gallen

Der Büchersaal der Stiftsbibliothek ist kunstvoll gestaltet und in seinen Details überwältigend. Er gilt als der schönste Barockraum der Schweiz und als einer der vollendetsten Bibliotheksbauten der Welt. Wer den alten Büchersaal betritt, bleibt ehrfürchtig stehen. Eine über tausendjährige Geschichte ummantelt den Besucher. Hier wurden schon Bücher geschrieben, als die meisten Menschen noch nie ein Buch zu Gesicht bekommen hatten.

St. Gallen ist eine der Wiegen der abendländischen Kultur. Von hier aus startete die Christianisierung nördlich der Alpen. St. Gallen zählte um das Jahr 1000 zu den mächtigsten Klöstern Europas. Für viele spätere süddeutsche Stadtgründungen oder Grafschaften wurde in St. Gallen der Grundstein gelegt.

Die Stiftsbibliothek ging hervor aus der Zelle, die der irische Mönch St. Gallus um 612 im Hochtal der Steinach gründete. Heute ist sie die älteste Bibliothek der Schweiz und eine der größten und ältesten Klosterbibliotheken der Welt mit 2.100 Handschriften; unschätzbare Kunstwerke, Bücher, deren Buchstaben nicht geschrieben, sondern mühevoll gemalt wurden. Der Raum der heutigen Bibliothek, der einem Festsaal der Wissenschaft gleicht, wurde 1758 von Peter Thumb gebaut, er war auch der Baumeister der Klosterkirche Birnau.

Der Stiftsbezirk und die mächtige Kathedrale gehören heute zum UNESCO-Weltkulturerbe und bilden noch immer das Herz der alten Stadt. In den meisten ehemaligen Klostergebäuden sind heute staatliche Kulturinstitutionen untergebracht, im westlichen Teil des Hofflügels residiert der Bischof von St. Gallen.

St. Gallen ist die Stadt der Erker, genau 111 soll es geben. Wer durch die romantische Altstadt schlendert, sollte aufpassen, dass er nicht wie Hans-Guck-in-die-Luft die Wirtschaften übersieht. ›Erst-Stock-Beizli‹ heißen die traditionellen Gasthäuser in St. Gallen. Parterre wurde das Vieh gehalten oder aus dem Kolonialwarenladen verkauft, im ersten Stock, wo mehr Licht in die engen Gassen drängte, wurde getafelt und getrunken.

☞ Unbedingt einkehren in einem ›Erst-Stock-Beizli‹ wie im Bäumli, Alte Post, Schäpfli oder Restaurant Neubad.

RᴵᵂB E R G B A H N   R H E I N E C K - W A L Z E N H A U S E N

APPENZELLERLAND TOURISMUS AG /// **BAHNHOFSTRASSE 2** ///
CH-9410 HEIDEN /// **00 41 / 71 / 8 98 33 00** ///
WWW.APPENZELL.CH ///

Die Situation erinnert ein bisschen an Harry Potters Abfahrt auf Gleis 9 ¾. Drei Eisenbahngleise liegen vor dem alten Bahnhof in Rheineck. Auf dem Abfahrtsplan ist aber bei Walzenhausen Gleis 10 vermerkt. Eine zusätzliche Erklärung führt den Bahngast schließlich auf das Gleis 1 B. Na gut, es ist auch kein echter Zug, sondern eine Zahnrad-Bergbahn, in die der Reisende nach Walzenhausen einsteigt.

Lokführer und auch die Lok selbst arbeiten mit großem Vergnügen. Der Lokführer strahlt, wenn sich die Zahnräder in die Strecke der Gleise einreihen, die Lok setzt zum Endspurt an, den steilen Berghang hinauf. Der Gast steht, sofern er will, im Führerhaus der Lok. »285 PS«, erklärt der Mann stolz. 1,96 Kilometer ist die Strecke lang. Sie führt vom Bahnhof Rheineck, 405 Meter Meereshöhe, hinauf nach Walzenhausen, auf 672 Meter. Schon seit 1896 können die Walzenhauser mit der Bahn in ihr Bergdorf hinauffahren. Damals wurde eine Seilbahn gebaut, 1958 die Zahnradbahn.

Walzenhausen liegt über der Rheinmündung des Bodensees und der Bregenzer Bucht. Königlich thront der weiße Kasten des dominierenden Hotel Walzenhausen über dem Rheindelta. Es scheint, als hätte man das große Gebäude an den steilen Fels geklebt. Wer im Hotel hinter der großen Fensterfront seinen Kaffee trinkt, sitzt auf einem aussichtsreichen Balkon zum Bodensee. Darunter liegen der Alte Rhein, Rohrspitz, der Fußacher Durchstich, Bregenz und am Horizont der Pfänder.

Der Bahnsteig in Walzenhausen ist direkt in das Kurhaus beziehungsweise den Keller des Kurhauses eingebaut. Die Zahnradbahn schafft sich den steilen Berg hinauf und bleibt in einer extremen Schräglage am Bahnsteig stehen. Wer vorne aussteigt, gelangt in den Teil des Bahnsteigs, der einige Stufen höher liegt als der Ausgang des hinteren Waggons. Vor Gegenverkehr müssen Sie sich übrigens nicht fürchten. Es gibt auf der Strecke nur einen Triebwagen, dieser wurde 1958 als Sonderanfertigung in den Dienst gestellt. Ein weiterer kommt Ihnen garantiert nicht in die Quere.

✎   Mit dem Schiff von Rorschach nach Rheineck, von dort mit der Zahnradbahn nach Walzenhausen, zu Fuß über den ›Witzweg‹ nach Heiden und mit der Bergbahn zurück nach Rorschach.

WASSERSCHLOSS HAGENWIL /// SCHLOSS-STRASSE 1 ///
CH-8580 HAGENWIL /// 00 41 / 71 / 4 11 19 13 ///
WWW.SCHLOSS-HAGENWIL.CH ///

Eine gewöhnliche Entscheidung war es sicherlich nicht, aber Tradition verpflichtet. Andi Angehrn lacht; er ist der angehende Erbe eines der romantischsten Flecken am südlichen Schweizer Ufer des Bodensees. Das Schloss Hagenwil ist von einem Wassergraben umgeben. Lange diente es den Klosterherren von St. Gallen als Erholungsort. Heute lädt der angehende Schlossherr in ein Museum ein, bekocht die Gäste in der Wirtsstube und trägt auch mal selbst die Koffer in die Gästezimmer.

Es muss ein Ritter mit einem besonderen Hang für Romantik gewesen sein, der im 13. Jahrhundert das Wasserschloss Hagenwil anlegte. Irgendwie muss dieser Ritter, Rudolf von Hagenwil, schon damals den Geschmack und Zeitgeist von heute getroffen haben. Jedenfalls schlossen sich erst jüngst einige Nachfahren in seinem Ort zusammen, um als Freundeskreis der Besitzerfamilie zu helfen, das Kunstschätzchen zu pflegen. Ihr Urahn Benedikt Angehrn, natürlich ebenfalls echter Hagenwiler, erwarb das Schloss 1806.

Seither lebt die Hagenwiler Familie Angehrn in dem alten Gebäude und seither haben sich alle Nachkommen die Pflege und Bewahrung des alten Erbstücks auf die Fahnen geschrieben. »Ich habe das Schloss nun in der achten Generation übernommen«, erzählt Andi Angehrn. Er wuchs darin auf, erlernte das Handwerk des Kochs und besuchte schließlich die Hotelfachschule. »Man wächst da hinein, man hat eigentlich gar keine Zeit zu fragen, was man anderes machen will«, lacht der 30-Jährige heute. Sowieso sei ihm erst später klar geworden, dass er in einer besonderen Verantwortung stehe.

Heute ist die Familie, aber auch der ganze Ort froh, dass Andi Angehrn weiterhin, wie alle seine Vorfahren, den Schlossherrn mimen wird. Das Wasserschloss ist nicht nur das Wahrzeichen von Hagenwil, es ist auch ein Stück kulturelle Identität für die Region rund um Amriswil. Das Schloss Hagenwil hat eine spannende Geschichte, die unterschiedlichsten historischen Zeiten zeigen sich im Schloss. Fast jeder Raum hat seinen eigenen Stil und Charakter.

✍ Ein Abstecher ins Hudelmoos: Wer Natur sucht, wird dort oder in den Höhlen im Hohlenstein fündig.

Ein unbekannter Meif
Baumeifter Kanzler re
Dem Handwerk zur

INFOCENTER ARBON UND UMGEBUNG /// SCHMIEDGASSE 5 ///
CH-9320 ARBON /// 00 41 / 71 / 4 40 13 80 /// WWW.ARBON.CH ///

DAS BOHLENSTÄNDERHAUS
NACH SCHWEIZER REZEPT
Arbon

Für Heimwerker ist die Kunst des Nut- und Federnbaus kein Geheimnis. Holzdecken oder Fußböden werden heute auf diese Weise eingebracht. Doch die Arboner bauten im Mittelalter nach genau dieser Methode ganze Häuser. In senkrecht genuteten Balken (Ständer) wurden dicke Bretter (Bohlen) eingelassen. Ein solches Haus aus dem 13. Jahrhundert steht noch inmitten der Altstadt. Bernadette Keller weiß: »Das ist einmalig!«

Es waren die Häuser der armen Leute. Steinwände konnten sie sich nicht leisten, höchstens vielleicht als Sockel. Darauf wurde billig und schnell errichtet wie nach einem einfachen Baukastensystem. Solche Bohlenständerhäuser waren nicht nur preiswerter, sondern sie konnten auch demontiert und an einem anderen Ort leicht wieder aufgebaut werden.

In Arbon steht inmitten der Altstadt noch solch ein altes Haus. Es wurde vermutlich im 15. Jahrhundert errichtet, doch einige Teile stammen aus dem 13. Jahrhundert. Wenn auch in den folgenden Jahrhunderten einige Änderungen angefügt wurden, die Grundstruktur des raffinierten Bausystems blieb erhalten.

Im Schloss nebenan wohnten die bischöflichen Verwalter der Konstanzer Kirchenherren, bis nach 1510 Bischof Hugo von Hohenlandenberg das herrschaftliche Gebäude zur heutigen Größe ausdehnte. Die kleinen Leute dagegen mussten im Mittelalter beweglich sein, fast wie die Saisonarbeiter. Dafür war ihr Bohlenständerhaus konzipiert. Es konnte ohne viel Aufwand wie ein Baukasten auseinandergebaut und an anderer Stelle wieder zusammengesteckt werden.

Doch Bernadette Keller, Arboner Heimathistorikerin, glaubt nicht, dass die Häuser allzu oft abgebaut wurden. Der historisch gewachsene Ortskern rund um den Fischmarktplatz zeugt eher von ständigen Weiter- und Umbauten. »Und«, behauptet sie mit einem weniger wissenschaftlichen Lächeln, »wer wollte denn aus dieser schönen Stadt jemals wegziehen?«

🖉   Das Schloss mit seinem markanten 30 Meter hohen Turm beherbergt das Historische Museum.

STIFTUNG SEEMUSEUM /// SEEWEG 3 /// CH-8280 KREUZLINGEN ///
00 41 / 71 / 6 88 52 42 /// WWW.SEEMUSEUM.CH ///

DER MANN IST EIN SAMMLER
Kreuzlingen – Seemuseum

Inmitten der Stadt und doch ländlich und natürlich geprägt liegt die Kreuzlinger Seeuferlandschaft. Zwischen weiten Grünflächen, alten Baumbeständen und historischen Gebäuden steht ein besonderes Schmuckstück: Im ehemaligen Augustinerkloster, der späteren Kornschütte der Stadt, zeigt das Seemuseum Bodensee-Schiffsmodelle, Oldtimer-Segelschiffe, traditionelle Fischerboote und Geräte der Berufs- und Sportfischer, illustriert mit Bildern und Texten.

Hans-Ulrich Wepfer hatte die Zeichen der Zeit schon früh erkannt. Neue Materialien veränderten die Welt der Fischer am Bodensee. Er begann deshalb schon vor über 50 Jahren mit seiner Sammlung. Alle Fischereigeräte, die über Nacht zu Schrott wurden, trug er zusammen. Heute ist das Kreuzlinger Seemuseum das einzige seiner Art rund um den See.

»Ich bin ein echter Saubub«, lacht der Historiker Hans-Ulrich Wepfer, »ein Seebub, der schon früh alte Zeugnisse seiner Heimat sammelte.« Ob Saubub oder Seebub, der Mann bekennt sich zu der etwas raueren Art seiner Landsleute am Schweizer Untersee. Dabei hat er promoviert und ist heute pensionierter Lehrer. Ihm ist es zu verdanken, dass viele Stücke, die es heute im Kreuzlinger Seemuseum zu sehen gibt, überlebt haben.

Gegründet hatte Wepfer das Museum einst in Ermatingen. Dort stellte er sämtliche alte Fischereiausrüstungen zusammen, die er fand. Als vor zehn Jahren in Kreuzlingen die alte Kornschütte renoviert wurde, zog er mit seinen Exponaten um und erweiterte das Angebot. Heute findet man im Seemuseum viele Ausstellungsstücke, die einen fast schon intimen Blick auf die Geschichte der Seefahrt auf dem Bodensee gewähren. Das Museum hat die Handschrift eines Heimathistorikers und den Charme eines Seebubs, der zu einem fachmännischen Sammler mutierte. Im Park wachsen Heilkräuter und Gewürze in einem extra angelegten Garten, dahinter liegt der Tierpark Kreuzlingen ›Pro Specie Rara‹.

✍ Der Naturpfad ›Natur auf der Spur‹ führt durch den Seepark genau vor die Türen des Museums.

URS WILHELMS RESTAURANT SCHÄFLI /// KAFFEEGASSE 1 ///
CH-8595 ALTNAU /// 00 41 / 71 / 6 95 18 47 ///
WWW.URSWILHELM.CH ///

WILHELMS BAROCKES SEE-IDYLL
Gourmet-Tipp: Altnau

Die Hoteltür ist verschlossen, der Gast muss klingeln. Es dauert nicht lange, dann erscheint der Patron Urs Wilhelm oder seine Frau Rita, um nachzusehen. »Ich will doch nicht jeden in mein Haus lassen«, lacht Urs Wilhelm schelmisch, »so sehen wir uns erst mal unter der Tür in die Augen, ob's denn passt!« Glück gehabt, denkt der Gourmet, wenn er eingelassen wird, denn ein kulinarisches Abenteuer ist ihm im ›Schäfli‹ sicher.

»Wir sind zwei barocke Menschen«, beschreibt der Schweizer Gourmetkoch sich und seine Frau, »und unser Restaurant ist ein barockes Sammelsurium.« Aber der Reihe nach: Wer Urs Wilhelms Speisekarte liest, weiß: Im Restaurant Schäfli ist alles barock. Das Haus wurde um 1900 in einem barocken Stil gebaut, die Wilhelms sind vor 20 Jahren mit Sack und Pack eingezogen. Mitgebracht haben sie viel Kunst, Kitsch und rund 500 Kochbücher. Trotzdem hat alles zusammengenommen einen eigenen Stil. »Es ist gewachsen«, sagt das Paar und schaut sich noch heute verliebt in die Augen.

Urs Wilhelm ist im Rentenalter, doch er fragt: »Was soll ich zu Hause?«, und kocht weiter: »Kraftvoll, schmackhaft und einzigartig«, so will er seine Küche, und dafür legt sich der Senior der Schweizer Sterneköche noch immer mächtig ins Zeug. Er lässt sich auf keine neumodischen Experimente ein, sondern kocht, wie es die alten französischen Meister lehrten. Obwohl: Urs Wilhelm konnte sich in seiner Jugend keine Kochlehre leisten: »Damals musste man ja noch Lehrgeld bezahlen«, erinnert er sich. Also lernte er zunächst Kellner und brachte sich dann das meisterliche Kochen selbst bei.

Wilhelms Salat ist ein Muss, schreibt der Feinschmecker; der Michelin empfiehlt ebenfalls seine Salate mit den selbstgezogenen Kräutern. Wir empfehlen einen baldigen Besuch, solange der Grand Seigneur noch auf das Klingelzeichen hört.

    Ruhetage hat das Schäfli am Dienstag und Mittwoch; der Gasthof Brauerei Frohsinn, in Arbon, Romanshornerstraße 15, ist eine gute zweite Adresse am Schweizer Ufer.

VIEL HAG UND WENIG GARTE

Internationale Bodensee Konferenz

Wer sich 66 Mal Zeit genommen, gesehen, probiert und geschmeckt hat, darf sich zu Recht als Kennerin oder Kenner des Bodenseeraums fühlen. Doch selbst darin erschöpft sich die Vielfalt nicht, denn die vorgestellten Orte sind ja nur die Spitze des Eisbergs. Die internationale Bodenseeregion umfasst fast 530 Gemeinden in 41 Landkreisen und Bezirken und wird mit dem Fürstentum Liechtenstein sogar zum Vierländereck. Zusammengehalten wird die Region von den zehn Bundesländern und Kantonen, welche zusammen die Internationale Bodensee Konferenz (IBK) bilden, nämlich Baden-Württemberg, Bayern, Vorarlberg, die Kantone St. Gallen, Thurgau, Schaffhausen, Zürich und die beiden Appenzeller Halbkantone sowie Liechtenstein.

Die IBK ist die Plattform, auf der sich die Regierungen und Verwaltungen der Länder und Kantone rings um den See austauschen, gemäß dem Motto: ›grenzenlos, kreativ, vernetzt‹. Das macht Sinn in einer Region, in der es – wie die Einheimischen sagen – ›viel Hag und wenig Garte‹ gibt, also viele Zäune und wenig Garten. Die IBK funktioniert dabei trotz aller zwischenstaatlicher Diplomatie so, wie man das aus der Nachbarschaft kennt: Man kennt sich gut hüben und drüben am See. Der kleine Dienstweg lässt die Grenzen, sogar eine EU-Außengrenze, manchmal vergessen. Die Gesprächskultur am Konferenztisch ist ausgezeichnet. Berlin, Bern und Wien scheinen weit entfernt. Dabei werden Strategien entwickelt und gemeinsame Anstrengungen für die Entwicklung und Zukunft der wunderschönen Kulturlandschaft im Herzen Europas unternommen. Wann immer es geht, weiß man sich hier selbst zu helfen. Zum Wohle der fast vier Millionen Menschen mit ihrer gemeinsamen Sprache und Mentalität. Die Lebensqualität für die Menschen am Bodensee – das bemerkt der Reisende sogleich – ist über die Maßen hoch. Die IBK will dies auch für die zukünftigen Generationen erhalten und begibt sich dafür gern in den beachtlichen Spagat, um die nachhaltige Wirtschaftsentwicklung mit dem Schutz von Umwelt und Natur in Einklang zu bringen.

In der IBK wird die Partnerschaft bewusst gelebt. Ob klein, ob groß, ob Innerrhoden mit rund 15.000, oder Baden-Württemberg mit fast elf Millionen Einwohnern: Jedes der zehn Mitglieder präsidiert die IBK für ein Jahr und setzt dabei auch Schwerpunkte.

Zur Gründung der Internationalen Bodensee Konferenz 1972 waren das noch drängende Fragen des Umwelt- und Gewässerschutzes. Der Bodensee drohte zu kippen. Seither wurden Milliarden Euro in die Abwasserreinigung investiert, wodurch die Qualität des Wassers heute so gut ist wie nie zuvor. So gut, dass sich die Fischer schon über rückläufige Fänge beschweren, weil die Fische zu wenig Nährstoffe finden. Heute ist die IBK thematisch breiter aufgestellt: Die Handlungsfelder reichen von der Bildung und Kultur über Wirtschaft und Tourismus bis hin zu Sozialem und Gesundheit und zur Raumentwicklung. Zwei Beispiele: Auf Initiative der IBK wurde der Hochschulverbund der Internationalen Bodenseehochschule (IBH) ins Leben gerufen, zu dem die Universitäten in Konstanz, Zürich und St. Gallen ebenso gehören wie spezialisierte Fachhochschulen und Pädagogische Hochschulen. Die IBH realisiert gemeinsame Studiengänge und unterstützt die Zusammenarbeit in Forschung und Lehre (www.bodenseehochschule.org).

Ein anderes Projekt sollte unbedingt beachtet werden, um einen oder mehrere der 66 Orte sicher anzusteuern: Mit der Tageskarte Euregio Bodensee (www.euregiokarte.com) reisen Sie mit einem Ticket per Bahn, Bus und auf Fähren grenzüberschreitend zu einem attraktiven Preis. Das hört sich für eine Tourismusregion logisch an, ist aber bei 100 beteiligten Verkehrsunternehmen ein anspruchsvoller Service – ermöglicht durch die IBK.

Auch in handfeste Dinge investiert die IBK. So gleitet das ehemals königlich-württembergische Dampfschiff Hohentwiel heute wieder im alten Glanz über den See, aus dem Dornröschenschlaf geweckt durch tatkräftige Privatinitiativen und finanzkräftige Unterstützung der IBK. Auch an der Anschaffung des Fährschiffs MF ›Euregia‹ 1996 war die IBK zur Hälfte beteiligt, damit zwischen Romanshorn und Friedrichshafen ein Stundentakt realisiert werden konnte. Die ›Euregia‹ zählt noch heute zu den umweltfreundlichsten Schiffen auf dem Bodensee.

Andrea Beck-Ramsauer, Klaus-Dieter Schnell

IBK-Geschäftsstelle | Benediktinerplatz 1 | D-78467 Konstanz
0049/7531/52722 | www.bodenseekonferenz.org

IN VIER TAGEN VOM VIKAR ZUM PAPST
Konstanz

Treffpunkt in Konstanz, wie könnte es anders sein, im Konzil. Dieses mächtige Kaufhaus, 1388 als Warenlager und Umschlagsplatz gebaut, verkörpert mit seinen 14 gewaltigen eichenen Stützen die Bedeutung der Stadt im frühen Mittelalter. Der Konstanzer Stadtführer Henry Gerlach holt hier seine Gruppen ab, um die Größe der Stadt in der damaligen Zeit zu demonstrieren. Der Hamburger schmunzelt: »Damals war Europa das Maß und Konstanz der Mittelpunkt.«

Zur ›Imperia‹ auf die Mole laufen alle Besucher des Hafens zuerst. Sie steht für die 700 Dirnen, die während des Konstanzer Konzils in den Jahren von 1414 bis 1418 wohl reichlich zu tun hatten. Dann endlich wurde Otto von Colonna zum Papst gewählt. Der Mann war bis dato als Theologe nicht weiter aufgefallen. Er musste nach seiner Wahl in vier Tagen zunächst zum Vikar, dann zum Priester und schließlich zum Bischof geweiht werden, bevor er im Münster als Papst Martin V. gekrönt werden konnte.

Henry Gerlach führt seine Touristen von dem alten Kaufhaus, in dem Papst Martin V. gewählt wurde, durch die Zollerstraße zum Münster. Die herrschaftlichen Bürgerhäuser der Altstadt zeugen von der mächtigen Zeit der Bodenseemetropole. Am Hohen Haus wurde, nach der Vorlage des Chronisten Ulrich von Richental, die Illustration einer Marktszene aus der Zeit des Mittelalters übernommen. Die Darstellung zeigt teure Waren aus fernen Ländern. »Wer es sich leisten konnte, trank damals keinen Seewein«, weiß Gerlach, »das war Knechtswein. Wer es hatte, trank Burgunder.«

Papst Martin V. spendete seinen ersten Papstsegen im Konstanzer Münster. Das mächtige Kirchenschiff dominiert schon seit dem 12. Jahrhundert das Stadtbild. Das Bistum Konstanz zählte zu den größten des Kaiserreiches. Es reichte von Stuttgart bis Bern und von Freiburg bis Kempten. Vor dem Konstanzer Konzil konkurrierten drei Päpste um den wahren Anspruch. Seitdem heißt das alte Kaufhaus im Hafen Konzil.

⌖ Besonders lohnt der Besuch der Wessenberg-Galerie neben dem Münster, eine Sammlung des Konstanzer Bistumsverwesers Ignaz Heinrich Freiherr von Wessenberg (gest. 1860).

STEIGENBERGER INSELHOTEL /// AUF DER INSEL 1 ///
D-78462 KONSTANZ /// 00 49 / 75 31 / 12 50 ///
WWW.STEIGENBERGER.COM/KONSTANZ ///

WO DES GRAFEN WIEGE STAND
Konstanz - Inselhotel

14

Man sieht den kleinen Kanal kaum, der sich um das Inselhotel vor der Konstanzer Altstadt schlängelt. Doch er hat einem der prominentesten Hotels am Bodensee den Namen gegeben. Den Grundstein dafür legten 1235 Dominikanermönche mit der Gründung eines Klosters auf der kleinen Insel.

Nach der Säkularisierung stand das ehemalige Dominikanerkloster auf dem Inselchen vor Konstanz leer. Die Familie Macaire brachte die Wende. Sie bauten in die Kirche eine Fabrik. Deshalb war die Familie von Genf nach Konstanz gezogen. Doch außer Geld hatten sie noch einen weiteren Schatz in ihrem Reisegepäck: ihre Tochter Amélie Françoise Pauline, die Friedrich Graf von Zeppelin heiratete. Damit begann ein neues Kapitel für den gesamten Bodenseeraum, denn aus dieser Ehe stammte Graf Ferdinand von Zeppelin, später der Luftschiffbauer schlechthin – und der heute berühmteste Sohn des alten Gemäuers.

Wer sich heute in die Bar des Inselhotels setzt, fühlt sich dem genialen Grafen und seiner Zeit nahe. Hier hängt seine Geburtsurkunde, die jedem Besucher unmissverständlich klar macht: Graf Zeppelin war kein schwäbischer Friedrichshafner, sondern badischer Konstanzer.

Der Kreuzgang in dem noblen Hotel zeugt von einer ganz anderen Geschichte. Die Dominikanermönche frönten im Mittelalter keinem Luxus. Heinrich Suso gehörte dem Konstanzer Orden an. Seine Schriften predigten Verzicht und Enthaltsamkeit. Auch der Prager Reformator Jan Hus war während seiner Zeit in Konstanz auf dem kleinen Eiland. Er wurde von den Dominikanermönchen bis zu seiner Verurteilung und seinem Tod gefangen gehalten.

Das Anwesen wurde vom Onkel des legendären Grafen Zeppelin in ein Inselhotel umgewandelt. Heute gehört das Hotel der Steigenberger-Gruppe. Aber nach wie vor ist in jeder Ecke und Nische die Vergangenheit durch Fresken und Wandmalereien zu sehen und zu spüren.

✍   Kurzer Spazierweg von der Zeppelinbüste im Gondelhafen über den angelegten Stadtgarten auf die Insel, und dann mutig hinein in den noblen Kasten.

Alexander Dressel findet sie wunderschön. Dabei haben sie eine breite Schnauze und sind eintönig graubraun. Die Brustflossenkante hat eine auffallend schwarze Spitze. Deshalb heißen die Haie ›Schwarzspitzenriff-Haie‹. Sechs Stück von ihnen schwimmen nicht gerade im – aber direkt neben dem Bodensee. Und Alexander Dressel füttert jeden einzelnen liebevoll.

Rüde ginge es im Haifischbecken zu, würde er seine Fische nicht dressieren. Der staatlich geprüfte Fischwirt muss dafür sorgen, dass alle 3.000 Fische im ›Sea Life‹ in Konstanz ihre Futterportion auch sicher bekommen. Die Muränen liegen meist lustlos auf dem Grund ihres Aquariums. Für sie steigt Alexander Dressel ins Wasser. Er trägt einen Tauchanzug, die Pressluftflasche auf dem Rücken; Proviant für seine Fische hat er dabei. Er schwimmt um die großen Suppenschildkröten herum, vorbei an seinen Haien und dann zu jeder Muräne, um jeder den ihr zugedachten Happen zu servieren. »Die Haifische sind Feinschmecker«, weiß Dressel, »die fressen nicht alles, und das, was sie fressen, auch nur kurzzeitig.« Er muss den Speiseplan regelmäßig ändern. Dabei bekommen sie tatsächlich nur die feinsten Meeresfrüchte: Muscheln, Tintenfisch, Scampi, Seelachs, Heringe oder Sardinen, und alles schön filetiert.

Im Mittelpunkt des Sea Life stehen die Bodenseefische. Wer das Sea Life betritt, befindet sich zunächst in einer nachgebauten Gletscherspalte, Sinnbild für das Eis der Alpen, aus denen der Rhein den Bodensee speist. Der Rundgang beginnt folgerichtig mit einem Gebirgsbach und dem Fischleben darin, der Rhein als Zufluss in den Bodensee schließt sich an und dann die Tierwelt des Bodensees: Felchen, Zander, Hecht oder Trüsche tummeln sich im nachempfundenen Konstanzer Becken. Von hier aus geht die Reise mit den Lachsen über Schaffhausen weiter bis nach Rotterdam und dort ins Meer.

Otto heißt der dicke Karpfen im Bodenseebecken. Dass Otto sich im Sea Life Aquarium wohl fühlt, davon ist Dressler überzeugt. Auf die Frage, woher er das weiß, beteuert er: »Ich rede fast täglich mit ihm!«

🐟 Fütterungszeiten sind Montag, Mittwoch und Freitag um 13 Uhr.

**TOURIST-INFORMATION KONSTANZ GMBH /// BAHNHOFPLATZ 13 ///
D-78462 KONSTANZ /// 00 49 / 75 31 / 13 30 30 ///
WWW.KONSTANZ.DE/TOURISMUS ///**

AUF SCHMUGGLERS PFADEN
Konstanz - Seerhein

16

Es ist unklar: Ist der Abschnitt ein Teil des Bodensees oder ein Teil des Rheins? Die Konstanzer meinen: Seerhein. So nennen sie die sechs Kilometer lange Strecke zwischen der Konstanzer Rheinbrücke und dem Untersee, durch die das Bodenseewasser aus dem Obersee abfließt.

Beim Rheintorturm beginnt offiziell die Kilometerzählung des Rheins. Während seiner gesamten Reise vom österreichischen Rheinspitz durch den Obersee bis Konstanz wird das Rheinwasser schlichtweg negiert. Erst ab Konstanz wird der Rhein zum ›Deutschen Vater Rhein‹. Ab der Rheinbrücke, die die Altstadt Konstanz mit dem Bodanrück verbindet, ist er erstmals beidseitig an deutschen Ufern als Fluss sichtbar.

Linksrheinisch liegt der Konstanzer Stadtteil Paradies. Im Paradies befand sich ursprünglich das Kloster ›claustrum paradisi‹ – daher der biblische Name. Die Menschen lebten vom Fischfang und der Landwirtschaft. Um 1639 wurde die Vorstadt ins Verteidigungssystem der Handelsstadt Konstanz durch einen Erdwall und Graben einbezogen. Mit dem Wegfall ihrer großen Gärten verlagerten die Paradieser Bauern ihren Gemüseanbau ins schweizerische Tägermoos – eine weitere Einnahmequelle. Der Weg zu den Äckern auf schweizerischen Grund wurde plötzlich mit Schmuggelwaren ertragreicher. Lange Zeit blühte der illegale Warenaustausch über die Staatsgrenze.

Heute sollen diese glorreichen Zeiten der Paradieser Schmuggler längst vorbei sein, geblieben ist der Schmugglerpfad entlang des Seerheins und der Ruf des Volksmundes: ›Brissago-Kapelle‹ sagen die Konstanzer zur St. Martinskirche im Paradies und deuten damit an, die Paradieser hätten ihr Gotteshaus mit illegalen Zigarrenimporten finanziert.

Noch heute gehören die meisten Äcker im Tägermoos Konstanzer Bauern. Über den Gottlieber Zoll fahren noch immer Traktoren und Gemüsekarren. Die Stadt Konstanz kommt nach einer alten Einigung für die Zufahrtsstraße auch auf dem Schweizer Staatsgebiet auf.

✍ Rechtsrheinisch führt ein Fußweg ins Naturschutzgebiet Wollmatinger Ried, ein herrlicher Biergarten lädt in die ehemalige Bleiche der Firma Stromeyer.

KONZIL /// HAFENSTRASSE 2 /// D-78462 KONSTANZ ///
00 49 / 75 31 / 2 12 21 /// WWW.KONZIL-KONSTANZ.DE ///

MANFRED HÖLZL IM KONZIL

Gourmet-Tipp: Konstanz

Das Konzil im Hafen ist das historisch wertvollste Gebäude der Stadt Konstanz, abgesehen vom Münster. Wer in diesem Gebäude die Gäste in der guten Stube der Stadt bekocht, sollte sie nicht enttäuschen. Doch Manfred Hölzl und seine Partner Pierre Hilaire und Heide Müller stellen sich bravourös dem manchmal großen Ansturm der Gäste auf der Terrasse im Hafen mit Ausblick auf Peter Lenks ›Imperia‹.

Im Konzil hat zwar nie ein Konzil getagt, dafür wurde in dem Bau 1418 tatsächlich ein Papst gewählt. Wie es sich gehörte, fand die Wahl in einem Konklave statt, nur feinste Speisen wurden den Konklave-Mitgliedern gereicht. Demnach könnte Manfred Hölzl heute leicht behaupten, aus seiner Küche seien damals die Gerichte geliefert worden. Und sicher ist: Die Kardinäle des Mittelalters hätten sich die Finger nach Hölzls Küche geleckt. Vielleicht würden sie sich aber auch heute noch von ihm verwöhnen lassen.

Chefkoch der Konzil-Gaststätte Manfred Hölzl meint: Was soll ich mit Meeresfischen in der Küche, wo der Bodenseefisch sich direkt vor dem Küchenfenster tummelt. Täglich fischt Lothar Brunner in der Konstanzer Bucht. Seine Grundnetze liegen vom Yachthafen, an der Seestraße, bis zur Mainau aus. Hechte und Kretzer holt er aus dem See. Mit den Treibnetzen fischt er überwiegend Felchen. Noch an Bord werden die Fische geschuppt und ausgenommen. Und manchmal ergänzt ein Beifang der seltenen aber sehr schmackhaften Trüschen und auch Zander das Angebot. Aber Brunner ist nur einer von vielen Lieferanten für das große Restaurant Konzil im Konstanzer Hafen. Zusätzlich bezieht Hölzl auch vom Fischmarkt ›Koch‹ auf der Reichenau frischen Fisch. »Wichtig ist allein, dass der Fisch am Morgen im See gefangen wird und am Nachmittag bei uns in der Pfanne brutzelt«, weiß Hölzl, und spricht unumwunden auch die Kehrseite seines Frischeanspruchs an: »Wenn es keine Fische mehr gibt, müssen wir eben auf den nächsten Fang warten.«

Gehen Sie durch das historische Gebäude des Konzils. Das mittelalterliche ehemalige Kaufhaus steht noch heute auf den Steinen und der Holzkonstruktion von 1388.

DIE TANZENDE FÄHRE
Konstanz - Meersburg

17

Und eins, und zwei, und drei … Fähren können tanzen! Sie können sich eins vor und eins zurück bewegen, und sich sogar auf der Stelle drehen. Krister Hennige, der Fähre-Betriebsleiter der Stadtwerke Konstanz, strahlt über das ganze Gesicht: »Dank dem sogenannten Voith-Schneider-Antrieb«, erklärt er stolz. »Dieser wurde zum ersten Mal am Bodensee eingebaut. Ernst Schneider hatte die Idee, Voith hat sie umgesetzt.«

Für Pendler eine Abkürzung, für Touristen ein Vergnügen: Die Fähren bieten die günstigste Gelegenheit, unkompliziert eine Runde auf einem richtigen Schiff zu schippern. Die Fähren zwischen Meersburg–Konstanz und auch zwischen Friedrichshafen–Romanshorn fahren immer, selbst im tiefsten Winter. Für Fußgänger sind die Preise erschwinglich, die Schiffsreisen zwischen den beiden Ufern versprechen ein Seefahrer-Vergnügen, mit allem, was dazugehört.

Die erste Fähre auf dem Bodensee legte vor fast 100 Jahren ab. Ihr Einsatz war lange umstritten. Die Meersburg-ex-Konstanz war die erste Autofähre Europas. Heute liegt sie in Konstanz unter der neuen Rheinbrücke. Ein Verein will ›die alte Dame‹ wieder auf Kurs bringen.

Stefan Weber ist Kapitän auf der neuen Fähre Tabor. Fast täglich schippert er zwischen beiden Ufern hin und her: »Uns wird es nicht langweilig, jede Fahrt ist anders«, sagt er bestimmt und zeigt auf den Horizont im Westen: Über dem Überlinger See ziehen schwarze Wolken auf, »da kommt noch was!«, weiß der erfahrene Seemann.

Sorgen müssen sich die Gäste nicht machen, im Bodensee ging noch nie eine Fähre unter, und der Voith-Schneider-Antrieb schiebt die schwimmende Brücke unverdrossen zwischen den Ufern hin und her. Ihr Trick? »Ganz einfach«, lacht Krister Hennige, »legen Sie das Schaufelrad eines alten Dampfers waagerecht unter das Schiff. Ein Schaufelrad vorne, eines hinten und jeder Kahn lässt sich zentimetergenau manövrieren.«

✍ Lassen Sie Ihr Auto stehen, kreuzen Sie einfach hin und her. Das Restaurant an Bord ist bis in die Abendstunden geöffnet.

EIN RITT AUF ZWEI KUFEN
Konstanz - Friedrichshafen

18

Bernd Tremmel darf nicht, wie er will. Er ist einer der Kapitäne der schnellsten Schiffsverbindung über den See, die es je gab. Leicht könnte er mehr Power aus den zwei leistungsstarken Motoren seines Katamarans pressen, aber bei 22 Knoten ist Schluss. 22 Knoten entsprechen genau 40 Stundenkilometern, und schneller darf der Katamaran auf keinen Fall über den Bodensee rauschen. »'s ging freilich schneller, 's wär auch kein Problem«, erklärt er, ist sich aber seiner Verantwortung bewusst: »Wir fahren auf Sicht, und außerhalb der Hafeneinfahrten weichen wir jedem Hobbykapitän aus.«

Den Touristen kann es gleichgültig sein. Einmal über den See, mit zweimal 750 PS, das ist das schiere Vergnügen. Innen herrscht vornehme Langeweile, wie in einem Langstreckenflugzeug – aber draußen, auf dem Bug, da tanzen die Passagiere auf zwei Kufen über die Wellen.

Die Stadtwerke Konstanz und Friedrichshafen gründeten 1998 die Katamaran-Reederei. Nach einer abgewiesenen Klage beim Verwaltungsgerichtshof begann die Bodan-Werft in Kressbronn 2004 mit dem Bau des ersten Katamarans. Streit wegen der rasanten Verbindung herrscht am See, seit die Idee geboren wurde. Den einen ist die Pendeleinrichtung zu langsam, sprich zu wenig effektiv, den anderen war sie von Anfang an ein Frevel an der idyllischen Natur des Sees.

Und außerdem war da noch der Name: Constanze, als Synonym für Konstanz, war akzeptiert, aber Fridolin für Friedrichshafen nicht. 2007 wurde der dritte Katamaran auf den Namen Ferdinand getauft, in Erinnerung an Ferdinand Graf Zeppelin. Dem stimmten die Friedrichshafener und die Konstanzer zu. Für die einen ist er der Gründer des wirtschaftlichen Erfolgs, für die anderen der große Sohn ihrer Stadt.

Kapitän Bernd Tremmel ist der Namensstreit gleichgültig. Er lobt die neuen Hightech-Schiffe: »Der Katamaran ist nicht nur das schnellste, sondern auch das umweltverträglichste Motorschiff auf dem See«, garantiert er.

⌀ Auf dem Bug ist für den Ritt über den See der aufregendste Platz.

TOURIST-INFORMATION FRIEDRICHSHAFEN /// BAHNHOFPLATZ 2 ///
D-88045 FRIEDRICHSHAFEN /// 00 49 / 75 41 / 3 00 10 ///
WWW.FRIEDRICHSHAFEN.INFO ///

Unscheinbar steht der alte Hafenkran auf der Uferpromenade vor der modernen Glaskulisse des neuen Medienhauses K 42. Rund um den kleinen Kran lässt sich die gesamte Geschichte der heutigen Industriestadt Friedrichshafen erzählen. Neben dem Kran stand einst das Bayerische Hauptzollamt.

Es sind eine kaiserliche Entscheidung und eine königliche Erfindung, die Friedrichshafen gebären. 1805 schlägt Kaiser Napoleon die beiden Orte Hofen und Buchhorn dem Königtum Württemberg zu und am 17. Juli 1811 vereinigt König Friedrich I. die beiden Orte zu der Stadt Friedrichshafen. Im gleichen Jahr noch wird mit dem Bau einer Allee begonnen, über die die Touristen noch heute schlendern. Sie verbindet den Hafen – das frühere Hofen – mit der ehemaligen Reichsstadt und dem ehemaligen Priorat Buchhorn, der heutigen Schlosskirche.

Der alte Hafenkran vor dem neuen Medienhaus K 42 bekommt durch diese Entscheidung eine noch größere Bedeutung. Denn Württemberg hat jetzt eine eigene Stadt am See und der gesamte Warenverkehr in die Schweiz wird schon bald nur noch über Friedrichshafen abgewickelt. Die Königliche Bodensee-Dampfschifffahrts-Gesellschaft wird gegründet und die Schwäbische Eisenbahn von Stuttgart an den See geführt. Graf Zeppelin, als ehemaliger württembergischer Offizier, nutzt später den Stützpunkt Friedrichshafen für die ersten Flugversuche mit seinen Zeppelinen. Für die ersten Starts benötigt er, Flugplätze gibt es noch keine, die Wasseroberfläche.

Vom Moleturm aus blickt man auf eine neuzeitliche Stadt. Ein Brunnen auf dem Rathausplatz erzählt vom Werden der Erfindung Friedrichshafens: Zentral im Brunnenbecken erhebt sich eine Buche, daneben ein Horn. Dem Horn gegenüber befindet sich ein großer Fisch, dessen Gesichtszüge eine gewisse Ähnlichkeit mit König Friedrich I. von Württemberg aufweisen. Ein einzelnes quirliges Zahnrad rollt aus dem Füllhorn, darum fügen sich die technischen Erfolgsprodukte Friedrichshafens. Ein ›Who is Who?‹ der Industriestadt.

    Der Graf und die Stiftung – auf die Spuren der Zeppelinstadt führt der Zeppelin-Pfad.

ZEPPELIN MUSEUM FRIEDRICHSHAFEN GMBH ///
SEESTRASSE 22 /// D-88046 FRIEDRICHSHAFEN ///
00 49 / 75 41 / 3 80 10 /// WWW.ZEPPELIN-MUSEUM.DE ///

Im Mittelpunkt steht ein riesiger Nachbau eines Segments des Luftschiffes LZ 129. Der Besucher bleibt davor stehen, blickt fassungslos nach oben und staunt. Eine haushohe Wand aus silbernem Stoff wölbt sich über seinen Augen in die Höhe. Die Ausmaße scheinen unermesslich, zumal wenn der Betrachter bedenkt, dass dies alles doch nur ein kleiner Ausschnitt der Zeppelinaußenhaut ist. Das Museumsstück zeigt nur 33 Meter Länge, die Hindenburg war aber 246,70 Meter lang.

Der Hafenbahnhof in Friedrichshafen zählt zu den wenigen Baudenkmälern der Moderne in der Region. Das Gebäude selbst war schon museal, als es 1996 zum Zeppelinmuseum umgebaut wurde. An der Struktur des alten Bahnhofgebäudes wollte man möglichst wenig ändern, gleichzeitig sollte die Geschichte des Luftschiffbaus in Deutschland auf moderne Art darin Platz finden. Den Architekten des Stuttgarter Museumsgestalters Professor HG Merz ist dabei ein besonderer Wurf gelungen. Der Besucher betritt als Reisender das Museum. Den Anschluss an die weite Welt des ehemaligen Schienennetzes zeigen heute die Weite, Internationalität und der Luxus der Luftschiffe. Antiquarisch, wenn auch im Schick der 1920er-Jahre hinter beleuchtetem Glas, verraten Fahrplanauskünfte das Ziel: aber nicht Meckenbeuren, Biberach oder Durlesbach, sondern Buenos Aires oder New York.

Das Museum ist eine gelungene Mischung aus architektonischer Kunst und nachvollziehbarer Zeppelin-Technologie. Man ist in dem alten Bahnhof der Hafenstadt und doch auf einer Reise durch die Zeit der Erfinder der Luftschiffbauer. Natürlich ist man in erster Linie mit Ferdinand Graf von Zeppelin unterwegs.

Der Einstieg in die Rekonstruktion der Passagierräume des LZ 129 Hindenburg versetzt die Besucher in die Jahre 1936/37. Man kann sich als Zeppelinpassagier fühlen und dem einmaligen Erlebnis einer Transatlantikreise in dem Luftschiff nachspüren. Wer das Museum besucht hat, ist danach ein überzeugter Freund der silbernen Zigarre made in Friedrichshafen.

Besuchen Sie das Museum an einem Werktag, planen Sie einen halben Tag ein.

DORNIER MUSEUM FRIEDRICHSHAFEN ///
CLAUDE DORNIER PLATZ 1 /// D-88046 FRIEDRICHSHAFEN ///
00 49 / 75 41 / 7 00 56 01 /// WWW.DORNIERMUSEUM.DE ///

Die Frau ist Geschäftsführerin, Restaurantleiterin, Köchin, Serviererin und so ganz nebenbei auch noch Museumsführerin. Zum letztgenannten Job kam sie zwangsläufig, da Monika Sprung die Leitung eines Hauses übernahm, dessen Grundstein einst Claude Dornier legte. Der legendäre Großflugzeug-Ingenieur hatte sein erstes Konstruktionsbüro in der ›Baracke‹ in Friedrichshafen-Seemoos, dort stand sein Schreibtisch. Heute ist in diesem einstigen Büro das Clubhaus des Württembergischen Yacht-Clubs untergebracht, das Monika Sprung leitet.

Spuren des weitreichenden Wirkens des deutschen Flugzeugkonstrukteurs Dornier finden sich nicht nur im heutigen Restaurant des Yacht-Clubs am Seemooser Horn, sondern auch davor. Claude Dornier hatte für seine ersten Großflugzeuge eine Werfthalle direkt am See errichtet. Seine Wasserflugzeuge ließ er aus der Halle über eine Slipanlage in den Bodensee gleiten. Es gab noch weit und breit keinen Flugplatz, also hatte er die Wasseroberfläche des Bodensees als Startbahn gewählt. In der Halle lagern heute die Segelboote des Württembergischen Yacht-Clubs, über die alte Slipanlage lassen die Clubmitglieder ihre Yachten ins Wasser.

Manchmal hat der Besucher des Seemooser Horns Glück und sieht den Enkel, Iren Dornier, bei fast derselben Tätigkeit wie einst seinen Großvater Claude. Denn Iren Dornier entwickelt ebenfalls Wasserflugzeuge, er will ihnen zu einem Comeback verhelfen. Hin und wieder lässt er über die alte Slipanlage sein neues Flugboot ›Dornier S-Ray 007‹ in den See. Sein Bruder Cornelius hat in der Zwischenzeit in Friedrichshafen beim Flugplatz das Dornier-Museum aufgebaut, das die sagenhaften Leistungen des Großvaters dokumentiert. In dem 85-jährigen Leben des umtriebigen Ingenieurs Claude Dornier ist viel zusammengekommen. Das Museum zeigt seinen Weg zum genialen Erfinder, aber auch Persönliches. Der Mann war ein Chef der alten Schule, weiß Enkel Cornelius: »Wenn wir in eine Produktionshalle gingen, galt: Hände aus der Hosentasche!«

⌾ Gemeinsamer Traum von Flugfreunden und Feinschmeckern im Halbhuber Airport Restaurant: Am Flughafen 64, direkt neben dem Museum, sitzen und international genießen.

EIN STILLES DAHINGLEITEN
Friedrichshafen - Zeppelinflug

22

Selbst die Flugkapitäne suchen, auch nach unzähligen Routine-Flugstunden, nach den richtigen Worten für den Zustand zwischen Fliegen und Fahren. »Mein Chef sagt immer, es ist ein altersgerechtes Fliegen, ein einzigartiges Fluggefühl, ein stilles Dahingleiten.« Lars Pentzek ist Zeppelin-Pilot der ersten Stunde, doch noch immer macht ihm dieser Job einfach Spaß: »Es ist sicher einer der schönsten Arbeitsplätze der Welt!«, sagt der Mann und schaut aus seiner Glaskanzel hinunter über die Seelandschaft.

Was für eine gigantische Idee: Zeppelins Luftschiffe. Das erste über 120 Meter lang, gefüllt mit über 11.300 Kubikmetern Wasserstoff. Als das Luftschiff sich im Juli 1900 über Friedrichshafen erhob, verschwand für Minuten die Sonne, so unvorstellbar groß war die Hülle. Aber damals ging es nur so. Der Graf wagte, wie er sagte, den Sprung ins Dunkel. Dafür hatte er sein ganzes Kapital eingesetzt.

Heute ist der Zeppelin NT, Neue Technologie, das Glanzstück der Luftschiff-Freunde, von den alten Luftschiffen hat keines überlebt. Es dauerte über ein halbes Jahrhundert, bis nach dem Krieg wieder ein neuer Zeppelin vom Boden abhob. Jahrelang hat das Team um Chefingenieur Robert Gritzbach an der alten Idee gefeilt, um sie mit neuer Technologie weiterzuentwickeln. »Aber«, sagt Gritzbach stolz, »es ist nach wie vor ein Luftschiff. Traggas gibt auch dem Zeppelin der Neuen Technologie den Auftrieb.«

Längst laufen keine Menschenscharen mehr in Friedrichshafen zusammen, wenn der Zeppelin startet, doch aus der Gondel die Welt zu betrachten, bleibt erhebend. Nur wenige Passagiere finden in der Gondel Platz, dafür dürfen sie auch während des Flugs – ganz wie früher – aufstehen und sogar aus einem geöffneten Fenster fotografieren. Man hört die Hunde bellen, oder das Horn der Schiffe ertönen. Land und See sind nah, leise gleitet das Luftschiff darüber hinweg. Bei kräftigen Winden allerdings wird es deutlich: Man sitzt in der Kabine eines Schiffs. Windböen bitten dann den Schiffskörper zum Tanz.

🖉 Buchen Sie rechtzeitig, Starts sind vom Wetter abhängig und können sich immer mal wieder verschieben.

RESTAURANT GOLDENES RAD ///
PHILIP U. KASIMIR NEUNER-JEHLE /// KARLSTRASSE 43 ///
D-88045 FRIEDRICHSHAFEN /// 00 49 / 75 41 / 2 85-0 ///
WWW.GOLDENES-RAD.DE ///

DIE JEHLES –
EINE WEINSELIGE FAMILIE AM SEE
Gourmet-Tipp: Friedrichshafen

Felchen-Matjes schmeckt tatsächlich ähnlich wie Hering-Matjes, doch er ist viel zarter und feiner. Schon der erste Biss überzeugt mit leichter Süße und einem einzigartigen Hauch des salzigen Aromas. Der Geschmack ist hervorragend. Doch Hermann Neuner-Jehle hält sein Rezept strikt geheim. Er ist der Vater von Philip und Kasimir, die heute das ›Goldene Rad‹ in Friedrichshafen führen. Der alte Herr mariniert die Felchen 72 Stunden, dann bringt er die Köstlichkeiten alle zwei Tage in die Küche des Goldenen Rades.

Der Senior im Goldenen Rad hat keine Ruhe. Hermann Neuner-Jehle ist zwar offiziell im Ruhestand, doch er ist und bleibt ein Gourmet. Noch immer steckt er seine Nase gerne in die Kochtöpfe des noblen Restaurants. Er mag, was heute seine zwei Söhne auf der Karte so bieten: Entenlebermousse im Baumkuchenmantel, einen gebackenen Ziegenfrischkäse mit Thymianhonig, Jakobsmuscheln und Tiefseescampi am Rosmarinzweig; oder auch Rinderentrecôte auf geschmortem Petersilienwurzel-Karottengemüse und Medaillons vom Schwäbisch-Hällischen Jungschwein oder einen französischen Salzwiesenlammrücken.

Die Brüder Philip und Kasimir Neuner-Jehle sehen den Tatendrang ihres Vaters mit Gelassenheit. Doch außer guten Tipps in der Küche hat der Grand Seigneur auch eine ganz besondere Nase: Denn der Mann baut seinen eigenen Wein aus und auch nach allen Regeln der ökologischen Richtlinien an. In der Nähe von Schloss Kirchberg pflegt er seine eigenen Reben. Sein Favorit: ›Hagnauer Burgstall Weißer Burgunder, Jahrgang 2008‹. Dieser spritzige Weißwein überzeugt tatsächlich schon beim ersten Schluck durch seine elegante, frische Säure und seine kräftige, sehr harmonische Frucht.

Übrigens: Im Goldenen Rad rechnet der Wirt noch mit dem einst legendären ›Korkgeld‹, ein Novum am See. Damit auch hochwertige Weine bezahlbar bleiben, verlangt der Gastronom nur den normalen Listenpreis und dazu ein Korkgeld von 11 Euro für die Flasche.

✍ Lassen Sie es sich im Goldenen Rad schmecken, guten Kaffee gibt es gegenüber an der Seepromenade im Aran.

WARUM DER BAYERISCHE LÖWE
NICHT BADISCH BRÜLLEN MUSS
Lindau

23

Weiß-blau wehen die Fahnen im Hafen des letzten Zipfels am deutschen Ufer des Bodensees. Doch beinahe hätte der bayerische Löwe auf der Moleeinfahrt badisch lernen müssen. Denn die Stadt Konstanz blies zur Jagd und kaufte die ehemaligen bundesbahneigenen Bodensee-Schiffsbetriebe auf. Damit gehörte der badischen Bodenseestadt auch die Lindauer Hafeneinfahrt – glaubte sie.

Für Touristen ist die Welt in Lindau noch in Ordnung. Auf der Insel ist die gute alte Zeit lebendig. Auf den Straßen und Plätzen der historischen Altstadt geht es quirlig, bunt und geschäftig zu. Wenige Schritte abseits des Trubels ist es still, romantische Gassen und verträumte Innenhöfe bieten eine idyllische Kulisse. Das Alte Rathaus im gotischen Stil, das Haus zum Cavazzen, heute Stadtmuseum am Marktplatz, oder die älteste Kirche der Insel, die Peterskirche, sind im Visier der Fotografen. Der Streit der beiden Bodensee-Städte spielte hinter den Kulissen, aber für die Lindauer ging es um ihren Stolz:

König Maximilian II. ließ 1856 durch die Königlich-Bayerischen-Eisenbahnen die Hafenmole neu anlegen. Seither sind der bayerische Löwe sowie der alte Leuchtturm das Wahrzeichen der bayerischen Stadt am Bodensee. Die Königliche Bahn schloss sich 1920 der Deutschen Reichsbahn an und ging später über an die Bundesbahn. Unter ihrer Flagge fuhren die Schiffe der Bodensee-Schiffsbetriebe, bis 2003 die Stadtwerke Konstanz die BSB übernahmen. Deshalb, sagten die Konstanzer frech, gehöre ihnen jetzt der Lindauer Hafen.

Der 74-jährige Fridolin Sornberger schert sich als Stadtführer wenig um diesen Städtestreit. Er will den Gästen die Augen öffnen für die alten romantischen Fischerhäuser und die Idylle der Insel. Er selbst ist Duisburger, aber die Geschichte Lindaus liegt ihm an Herzen. Für ihn ist klar: »Die schönste Hafenanlage des gesamten Sees gehört den Lindauern!« Recht hat er, denn die Konstanzer gaben jetzt klein bei und der Streit um den Lindauer Löwen ist heute nur eine der vielen Anekdoten, die in Lindau spielen ...

✍ Märchenstunden für Erwachsene im historischen Verlies des Diebsturmes, immer freitags um 19 Uhr.

FRIEDENSRÄUME VILLA LINDENHOF /// LINDENHOFWEG 25 /// D-88131 LINDAU BAD SCHACHEN /// 00 49 / 83 82 / 2 45 94 /// WWW.FRIEDENS-RAEUME.DE ///

Die schönsten Villen entlang des Seeufers stehen hier. Zwischen der Staatsgrenze zu Österreich und Wasserburg sind sie aufgereiht wie Baudenkmäler, umgeben von üppigen Parkanlagen. Prinzen, Grafen und Herzöge haben die adligen Sommerresidenzen gebaut. Aber nur kein Neid, heute können Bürger frei eintreten, zumindest in eine der herrschaftlichen Villen, der Villa Gruber, heute ›Lindenhof‹ genannt.

Es war die Zeit, als der Adel verunsichert aus den Großstädten auf das Land floh. Das Revolutionsjahr 1848 war glimpflich am loyalen Lindau vorübergegangen, da entschloss sich der bayerische Prinzregent Luitpold, am Bodensee eine standesgemäße Villa zu bauen. Es war der Beginn des Baubooms am bayerischen Seeufer. Eine dieser herrschaftlichen Villen aus den letzten Jahren des deutschen Adels beherbergt heute die ›Friedensräume‹.

»Viele Gäste kommen, um einfach die Villa zu bestaunen«, weiß Cornelia Speth. Dabei haben Cornelia Speth und ihr Team ein viel weiter reichendes Angebot. »Wir wollen die Gäste aufwühlen und bewegen«, erklärt sie das Wirken des Vereins ›Friedensräume e. V.‹.

Vor der Renovierung des edlen Hauses durch die Stadt Lindau und das Land Bayern war in dem Gebäude ein Friedensmuseum untergebracht. Diesem Gedanken blieben Cornelia Speth und ihre Mitstreiter treu. Doch mit der Neueröffnung 2001 wollten sie nicht mehr nur als bloßes Antikriegsmuseum gelten, sondern die Sinne der Besucher schärfen. In hellen Räumen soll der Besucher sich bewegen, in Hörräumen mal klassische Musik genießen, aber auch Musik, die wehtut: eine Interpretation zu Hiroshima, mit Musikstücken aus Opfersicht.

Die herrschaftliche Villa, der idyllische Park, der verlässliche See. Nicht dagegen, sondern gerade in dieser behüteten Atmosphäre wollen Cornelia Speth und ihre Mitstreiter von Pax Christi zur friedensstiftenden Weitsicht anregen.

Aus dem Gästebuch: Wie gut, dass mich der Zufall hergebracht hat. Ich wollte doch nur zum See – wie viel mehr Sinn hat der Tag auf diesem Weg bekommen.

✆ Nehmen Sie sich Zeit, viel Zeit.

DER KÄSE UND DIE LÖCHER
Lindau – Lindenberg

25

Eigentlich heißt die Deutsche Alpenstraße ›Queralpenstraße‹. Aber wer will schon über eine Queralpenstraße fahren, nur weil die Straße von Lindau nördlich der Alpen quer bis Berchtesgaden führt? Wobei wir sowieso nur die ersten acht Kehren ins Allgäu hinaufwollen, und schon nach 20 Kilometern am Ziel sind: in Lindenberg, in Stiefenhofen oder in Weiler. Hier überall finden wir Schaukäsereien, die uns endlich die eine Frage beantworten können: Wie kommen die Löcher in den Käse?

Bernd Baur lacht und weiß: »Das braucht Zeit, viel Zeit! Denn der Käse muss reifen.« Er selbst hat aber gerade fast gar keine Zeit, denn er muss mit seiner Harfe die Käsemasse in dem großen Bottich vor sich brechen. Danach wird der Bruch, die geronnene Käsemasse, in seine berühmte Käse-Rundform gepresst, sodass er dann als Laib im Keller reifen kann. Hier entstehen die Käselöcher des Emmentalers; wobei wir schon die nächste Frage hätten: Warum eigentlich Emmentaler, wo das Emmental doch bei Bern in der Schweiz liegt? Auch darauf weiß Bernd Baur die richtige Antwort, schließlich ist der Mann staatlich geprüfter Molkereitechniker mit Spezialausbildung für die Käseherstellung. Früher nannte man die Käsemacher einfach ›Senn‹, doch heute wird jedem Mitarbeiter, der mit Lebensmitteln hantiert, einiges abverlangt. Schweizer Senner aus dem Emmental haben den Allgäuern die Kunst der Käseherstellung beigebracht. Ihr eigener Limburger, ein Weichkäse, taugte nicht zur Lagerung. Und deshalb heißt der Allgäuer Hartkäse nun Emmentaler Käse, allerdings eben Allgäuer Emmentaler.

Lindenberg, Weiler und Stiefenhofen liegen im westlichsten Zipfel des Allgäus. Hier finden Sie verschiedene Schaukäsereien, die live zum Entstehungsprozess und der Wandlung von Frischmilch zu Käse einladen. Die Sennerei-Genossenschaft Stiefenhofen-Rutzhofen hat im Jahr 2008 bei einer Käsevergleichprüfung den ersten Platz belegt, seither weist der Molkereitechniker Bernd Baur mit Stolz darauf hin: »Wir haben den besten Emmentaler Deutschlands!«

✆ Rufen Sie in einem der Käseschaubetriebe an, und vereinbaren einen festen Termin. Die Adressen erhalten Sie bei der Tourist-Info in Lindenberg.

SCHACHENER HOF /// THOMAS W. UND BRIGITTE KRAUS ///
SCHACHENER STRASSE 76 /// 88131 LINDAU AM BODENSEE ///
00 49 / 0 83 82 / 31 16 /// WWW.SCHACHENERHOF-LINDAU.DE ///

THOMAS KRAUS KAM BALD AN DEN SEE ZURÜCK

Gourmet-Tipp: Lindau-Bad Schachen

Mit sechs Jahren legte Thomas Kraus seine erste weiße Kochmontur an. Damals marschierte er beim Ravensburger Rutenfest zu Ehren der Köchezunft vorneweg. Allerdings dachte er mit sechs Jahren noch nicht, dass das Weiß schon bald zu seiner wahren Berufskleidung werden würde. Heute kennt man ihn fast nur in seiner weißen Montur. Schließlich ist er heute tatsächlich Koch und zählt zu den besten Küchenchefs in Lindau.

In der Lehre war Thomas Kraus bei Albert Bouley, dem seit Jahrzehnten unbestechlichen Garant feinster Küche in Ravensburg. Da bekam der junge Koch schon seinen Ehrgeiz mit. Gut gerüstet zog er danach durch die Welt der exklusivsten Küchen. Doch als sich bei seiner Frau Brigitte Nachwuchs ankündigte, da wusste der Mann: »Jetzt geht's zurück nach Hause an den See!« Seither ist Thomas Kraus im Schachener Hof in Lindau Küchenchef.

Man sitzt im Garten unter alten Kastanienbäumen und genießt den Blick in den Kräutergarten. Der Gast riecht den See, hört ihn auch manchmal, weiß ihn aber immer um die Ecke – und man schmeckt ihn. Die Genüsse der Seelandschaft stehen als besondere Gerichte auf der Speisekarte. Selbst die Karte ist ein Kunstwerk der Region. Lindauer Maler gestalteten sie, animiert von den Tellergerichten des Patrons.

Nicht von ungefähr ziert ein Stillleben mit Hecht und Hummer das Deckblatt. Thomas Kraus liebt Fische. Fisch aus dem Bodensee und auch aus dem Meer. Manchmal kombiniert er beide. Dann führt er zusammen, was auf den ersten Blick nicht zusammengehört. So hat er als Bub der Region Schwartenmagen geliebt, als ausgezeichneter Koch des Sees serviert er Schwartenmagen vom Felchen.

Dabei weiß der Kerl tiefzustapeln. Die Gerichte sind auf der Speisekarte ganz unspektakulär beschrieben, aber seine Kreationen offenbaren einen wahren Meister. Nicht umsonst zählt der Gault Millau Thomas Kraus zu den ganz großen Köchen am See.

☞ Erinnern Sie sich an den Geschmack von Dampfnudeln? Das Rezept haben die Österreicher am See zurückgelassen, Thomas Kraus weiß sie nachzukochen.

TOURIST INFORMATION /// KIRCHSTRASSE 16 ///
D-88212 RAVENSBURG /// 00 49 / 7 51 / 8 28 00 ///
WWW.RAVENSBURG.DE ///

EIN DUTZEND TÜRME
Ravensburg

26

Die 212 Stufen sollte man sich antun. Der Blick aus dem Blaserturm ist einzigartig. Herrschaftliche Patrizierhäuser werden zu Spielzeugmodellen, die Stadt liegt einem zu Füßen, auf dem Marienplatz herrscht buntes Treiben und rundum reicht der Blick am Horizont bis zu den Schlössern in den ehemaligen Fürstentümern der Grafen von Waldburg-Zeil oder auch bis zum Schloss Montfort bei Langenargen am Bodensee.

Beate Falk kennt die Ravensburger Geschichte wie nur wenige. Sie arbeitet im Stadtarchiv und leitet ein Dutzend Stadtführer. Bisher war für sie klar, jedem Tourist zeigt sie zwischen dem Dutzend Türmen ihrer Stadt das Waaghaus, das Lederhaus, das Rathaus und die Brotlaube. Doch der 4. Juli 2009 änderte alles.

Das Museum ›Humpis-Quartier‹ eröffnete an diesem Tag eines der größten kulturhistorischen Museen der Region Bodensee-Oberschwaben. Das eindrucksvolle spätmittelalterliche Ensemble in der Ravensburger Oberstadt besteht aus sieben Gebäuden, in denen heute (reichs-)städtische Geschichte und Kultur besonders authentisch präsentiert werden. Zum vielfältigen Angebot des Museums gehört, neben der Dauerausstellung ›Ravensburger Lebenswelten‹ sowie hochkarätigen Wechselausstellungen, ein abwechslungsreiches Kulturprogramm im glasüberdachten Innenhof des Museums.

Beate Falks Tipp: »Folgen Sie dem Kaufmann Hans Humpis in die Zeit, als die Große Ravensburger Handelsgesellschaft Geschäfte mit ganz Europa betrieb, und lassen Sie sich vom Handwerker Johannes Wucherer die zünftische Geschichte der Reichsstadt erzählen.«

Der zentral gelegene Marienplatz ist der ideale Ausgangspunkt, um die Stadt zu erkunden: die belebte Bachstraße, in der der Stadtbach offen fließt, oder die sanierte Marktstraße.

Die Städtische Galerie sowie das Theater und eine Kleinkunstbühne in der Zehntscheuer zeichnen Ravensburg mit dem Prädikat ›Kulturmetropole Oberschwabens‹ aus.

✍ Fast wie im Museum und eine exzellente Küche bei Altmeister Albert Bouley im Restaurant Waldhorn am Marienplatz.

AMT FÜR KULTUR UND TOURISMUS /// MÜNSTERPLATZ 1 ///
D-88250 WEINGARTEN /// 00 49 / 7 51 / 40 52 32 ///
WWW.WEINGARTEN-ONLINE.DE ///

3.000 PFERDE MACHEN DEN ›BLUTRITT‹ ZU EINEM EINMALIGEN ERLEBNIS

Weingarten

27

Es ist Freitag nach Christi Himmelfahrt. Fahnen schmücken die Straßen, und Tausende von Menschen warten auf ein ganz besonderes Ereignis, den ›Blutritt‹. In einer prunkvollen Prozession durch Stadt und Fluren wird jedes Jahr aufs Neue die kostbare Heilig-Blut-Reliquie verehrt, eine Stiftung der welfischen Herzogin Judith von Flandern aus dem Jahr 1094, die ansonsten in der Basilika aufbewahrt wird.

Hoch oben auf dem Martinsberg, die Stadt Weingarten überragend, liegt ›Schwäbisch St. Peter‹, Deutschlands größte Barockbasilika. Sie ist kühl und mächtig, ein Monument des Glaubens. Der Beiname kommt nicht von ungefähr, besitzt das barocke Meisterwerk doch nahezu exakt die Hälfte der Ausmaße des Petersdoms in Rom. In den neun Jahren von 1715 bis 1724 wurde die Kirche unter Abt Sebastian Hyller zur Verehrung und Anbetung der Heilig-Blut-Reliquie erbaut, die im Altar unter der Kuppel zu sehen ist. Lichter Stuck harmoniert mit kunstvollen Fresken, der Hochaltar, das Chorgestühl von Josef Anton Feuchtmayer und das goldene Chorgitter vereinigen sich in vollendeter Pracht.

Das Rattern in der Kathedrale kommt von den Gestängen und Wellenbrettern aus dem Innern der Gablerorgel in der Basilika. Über eine komplizierte mechanische Traktur zwischen den Ventilen der Orgelpfeifen und den Tasten und Pedalen des Spieltisches werden einige Meter überbrückt. 13 Jahre dauerte der Bau. Er verschlang ein Viertel der Kosten für die gesamte Basilika. Orgelbauer Joseph Gabler hatte sich dabei finanziell ruiniert. Die Weingartener Domorgel allerdings ist eine der größten Orgeln Süddeutschlands und hat 66 klingende Register und 6.666 verschiedene Pfeifen. Gablers Zahlenspiele schürten Mythos und Spekulation. Man sagt, für die Klangfarbe einer Pfeife habe er seine Seele verkauft. Sie heißt ›vox humana‹ – menschliche Stimme.

Wer von den alten Geschichten genug hat, findet die Jugend Weingartens in der Linse. Im Kulturzentrum in der Liebfrauenstraße 58 weht noch ein bisschen der Hauch der 68er.

✍ Richtig großes Theater: Auf zwei Freilichtbühnen gibt es jeden Sommer die Klosterfestspiele.

BAUERNHAUS-MUSEUM WOLFEGG ///
WEINGARTENER STRASSE 11 /// D-88364 WOLFEGG ///
00 49 / 75 27 / 9 55 00 /// WWW.BAUERNHAUS-MUSEUM.DE ///

EIN ZUHAUSE FÜR ALTE HÄUSER
Wolfegg

28

Anton Jung fährt schon seit Jahren nicht mehr in seinen wohlverdienten Urlaub. »Was sollten die Fische im Dorfweiher ohne mich machen?«, fragt er sich und überhaupt: »Wo soll es denn schöner sein als im Museumsdorf Wolfegg?« Anton Jung pflegt den ehemaligen Fürstlichen Fischweiher und das Fürstliche Fischerhaus im Museumsdorf im malerischen Oberschwaben, dem östlichen Hinterland des Bodensees.

Schalmeien und Sackpfeifen erklingen: In Wolfegg ist ein Dorffest angesagt. Der Besucher fühlt sich zurückversetzt in die gute alte Zeit, und sieht doch, dass diese vermeintliche Zeit so gut für die meisten Menschen gar nicht war. Die Kulturwissenschaftlerin Andrea Schreck weiß von Knechten und Mägden zu berichten, deren Leben bestimmt war von Adligen und mächtigen Großbauern.

Die Gehöfte der Bauern Oberschwabens waren stattliche Anlagen. Das Erbrecht hielt zusammen, was Generationen von sparsamen Bauern erwirtschafteten. Dem Erstgeborenen gehörte nach dem Tod des Erbbauern alles. Klein-klein-Aufteilungen, jedem Kind das Gleiche, so etwas gab es damals nicht.

In den 70er-Jahren des vergangenen Jahrhunderts aber wurden aus den mächtigen Höfen verlassene Bauernhäuser. Schnell veränderte sich das Bild. Das Bauernsterben stellte gewachsene Strukturen auf den Kopf. Die alten Gehöfte waren plötzlich viel zu groß. Wer sollte sie unterhalten? Manche verfielen, manche wurden bis zur Unkenntlichkeit umgebaut, nur wenige überlebten und einige fanden Asyl im Museumsort Wolfegg.

14 typische Häuser aus der Zeit des 18. und 19. Jahrhunderts stehen hier zusammengefügt wie in einem alten Dorf. Sie wurden sorgfältig irgendwo zwischen Ravensburg und Wangen ab- und im Original in Wolfegg wieder zusammengebaut. Nur das Fürstliche Fischermeisterhaus durfte auf seinem Platz stehen bleiben. Hier hatte Anton Jung noch beim Fürstlichen Hoffischer sein Handwerk erlernt. So gesehen ist auch er ein Original in diesem Museum, das dank vieler freiwilliger Helfer heute lebt, als sei hier die Zeit stehengeblieben.

🐟 In zwei historischen Gebäuden des Wolfegger Schlosses stehen 200 Oldtimer in einem Privatmuseum.

HOPFEN UND MALZ, GOTT ERHALT'S – ABER WARUM?

Tettnang

29

Hopfenleicht – was das heißt, erleben die Besucher des Tettnanger Hopfenmuseums. Denn die Kinder jagen dort mit Luftpumpen Hopfendolden nach und bugsieren sie nur mit der Luft, die sie aus den Pumpen pressen, durch einen Parcours.

Hopfen und Malz, Gott erhalt's ... lautet der Satz, mit dem sich das Wissen um den Hopfen meist erschöpft, es sei denn, man hat bereits das Hopfenmuseum Tettnang besucht. Ingeborg Locher hatte vor 15 Jahren die Idee, das Museum zu eröffnen. Sie selbst ist eine gestandene Hopfenbäuerin und erntet heute noch die gehaltvollen Tettnanger Hopfendolden von 70.000 Stöcken.

Ursprünglich stand der Hopfenhof der Familie Locher am Rande Tettnangs. Vor Jahren musste der landwirtschaftliche Betrieb einer Wohnsiedlung weichen. Agraringenieur Dr. Bernhard Locher siedelte den Betrieb um und baute originalgetreu in Sickenweiler die alte Hopfendarre wieder auf. Dadurch kann man im Hopfenmuseum leicht die unterschiedliche Verarbeitung des Hopfens von damals und heute nachvollziehen.

An der Kasse sitzt seine Tochter Charlotte und erklärt fachmännisch den Betriebsablauf. Sie weiß: »Wer unser Museum besucht hat, trinkt anschließend sein Bier mit mehr Andacht.« Eine Hopfendolde wiegt ein Gramm, zwei Dolden braucht es für einen Viertelliter Bier. Hopfen veredelt das Getränk mit dem typischen Bieraroma und sorgt für längere Haltbarkeit und Schaumstabilität.

Zur Hopfenernte, in den letzten August- und ersten Septembertagen, dröhnen hier Motoren, surren und rasseln Zahnräder, Ketten und Transportbänder. Die Kinder können mit anpacken, den Hopfen selbst ernten, und dabei helfen, den hopfenleichten Hopfen in Säcke zu pressen, bis sich 50.000 Dolden zu einem 50-Kilogramm-Sack vereinen.

Übrigens: Der Tettnanger Hopfen zählt zu den feinsten Sorten der Biernation Deutschlands. Er ist begehrt zur Verfeinerung der herben Premium-Pils-Biere.

Ein Hopfenlehrpfad führt vom Museum vier Kilometer nach Tettnang direkt zur Kronenbrauerei.

**TOURIST-INFORMATION KRESSBRONN /// IM BAHNHOF ///
D-88079 KRESSBRONN /// 00 49 / 75 43 / 9 66 50 ///
WWW.KRESSBRONN.DE ///**

DIE GOLDEN GATE BRIDGE
Kressbronn-Langenargen

30

Vielleicht ist sie tatsächlich nicht die älteste Hängebrücke Deutschlands, aber die Vorlage für die berühmte Golden Gate Bridge in San Francisco ist sie dennoch. Denn als die Hängebrücke zwischen Kressbronn und Langenargen im Jahre 1896 gebaut wurde, war unter dem Trupp der Brücken-Ingenieure ein junger Praktikant namens Othmar Amman. Später, 1937, war er einer der Ingenieure der Golden Gate Bridge in San Francisco.

Die Argen war zu wild und ungestüm. Besonders bei Hochwasser riss sie mit, was ihr im Wege stand. Deshalb plädierten die Ingenieure des württembergischen Königs Wilhelm II. für eine Hängebrücke. Brückenpfeiler im Flussbett hätten ihrer Meinung nach den Wassermassen nicht lange standgehalten. Der Entwurf für die 72 Meter lange Hängebrücke entstand unter der Leitung von Karl von Leibbrand, Regierungsbaumeister und Präsident der Abteilung Straßen- und Brückenbau des Königlichen Ministeriums Württemberg.

Im Jahre 1900 war die Brücke der Star auf der Weltausstellung in Paris (Exposition Universelle et Internationale de Paris), während der beiden Kriege blieb sie verschont, aber in den letzten Tagen des Zweiten Weltkrieges wollte die Deutsche Wehrmacht sie sprengen. Der Anwohner Albrecht Auer überredete die Soldaten mit List und Tücke, die Sprengung zu verschieben, und rettete das Bauwerk. Die Brücke verbindet noch heute Kressbronn und Langenargen. Allerdings dient sie nur noch Spaziergängern und Radfahrern auf dem Bodenseerundweg. 25 Meter parallel verläuft die heutige Landesstraße über eine neue Brücke.

1982 wurde die Hängebrücke durch die höhere Denkmalschutzbehörde als Kulturdenkmal von besonderer Bedeutung in das Denkmalbuch eingetragen. Für Kressbronn und Langenargen ist sie ein touristisches Ziel der Verkehrsgeschichte.

    Zwischen der Brücke und Langenargen befindet sich beim Hafen das Malereck – einer der schönsten Winkel am See und öffentlicher Badestrand. Im Landhaus Malereck in Langenargen, Argenweg 60, gibt es exklusive und leckere Bodenseeküche.

Josef Handschuher ist verkleidet wie ein Ehrenmann im Mittelalter. Er trägt einen weitausladenden Bürgerhut, einen Umhang aus gutem Tuch und das obligatorische Fuhrmannstuch der fahrenden Zünfte jener Zeit um den Hals. »Segel setzen!«, ruft er seiner Crew zu, und das schwere Rahsegel fällt. Einige Gäste halten die Schoten fest, sodass der schwere Kahn sich gemütlich in den Wind drehen kann.

Die Lädine war einst ein reines Lastschiff. Jahrhundertelang kreuzte das Segelschiff über den Bodensee, lange bevor es die ersten Maschinen oder Motoren gab. Der Kapitän Josef Handschuher erzählt den Gästen während des Törns auf einer nachgebauten Lädine, wie die Menschen früher darauf lebten.

Gemäß dem damaligen technischen Wissensstand bediente man sich bauchiger, flacher, hölzerner Einmastkähne, die mit einem riesigen Rahsegel vor dem Wind segeln konnten. Bei Windflaute musste man entweder rudern, treideln oder am Ufer staken, um voranzukommen. Das Rahsegel ist ein zumeist rechteckiges oder trapezförmiges Segel, das an einem ›Rah‹ genannten Rundholz geführt wird. Es dient dem Vortrieb auf Segelschiffen durch Windwiderstand oder Windströmung.

Über den Bodensee wurden wertvolle Speisesalzfrachten aus Bayern nach Westen verschifft, Baumaterial und landwirtschaftliche Produkte von den übrigen Anrainerorten des Sees in umgekehrter Richtung. Bei steifer Brise brauchte eine Lädine für die über 60 Kilometer längs des Bodensees mehr als zehn Stunden.

Aus alten Quellen weiß man auch von jährlichen Weinfahrten. Der Lohn für die Mannschaft wurde meist in Naturalien bezahlt. Für diese Heuer fanden sich immer schnell genügend Helfer; ein Platz war begehrt. Die letzte im Original erhaltene Lädine wurde in den 1950er-Jahren am Bodensee verbrannt. Gütertransport mithilfe von Windkraft war unrentabel geworden. Und heute hilft man sich bei Windstille abweichend vom Original aus. Josef Handschuher startet in einem solchen Fall einen 120-PS-Dieselmotor, der im Bootsrumpf versteckt als Flautenschieber auf seinen Einsatz wartet.

   Direkt am Landungssteg der Seehof mit ausgezeichneter Küche oder etwas abseits das legendäre Restaurant Heinzler am See.

HAUS AM SEE /// HANS-PETER UND SILVIA KNÖRLE ///
D-88149 NONNENHORN /// 00 49 / 83 82 / 98 85 10 ///
WWW.HAUS-AM-SEE-NONNENHORN.DE ///

HANS-PETER KNÖRLE LIEBT DEN SEE UND DIE FELCHEN

Gourmet-Tipp: Nonnenhorn

Jeden Morgen in der Frühe fährt Maximilian Friedl hinaus auf den See und bringt Hans-Peter Knörle einen frischen Fang: Felchen, Kretzer oder auch mal eine Seeforelle. Der Bodensee-Koch Hans-Peter Knörle serviert die Ausbeute anschließend schon am Mittag seinen Gästen. »Frischer geht's nimmer«, lacht Knörle und das ist ihm auch wichtig. »So frisch, wie es nur geht, muss man Fisch verspeisen!«

Hans-Peter Knörle ist ein typischer Bodensee-Koch, wie man ihn nur aus idyllischen Märchen kennt. Er wuchs fast direkt am See auf, segelte als Junge auf dem See und angelte schon in der Kindheit seine ersten Fische. »Wasser war und ist mein Leben«, sagt er, meint den Bodensee im Speziellen und erzählt von seinen Jugendsünden: »Damals angelte man einfach und grillte seinen Fang über dem Lagerfeuer am Ufer«, erinnert er sich. Und heute? Heute lässt er fangen und grillt professionell.

Hans-Peter Knörle kocht auch heute noch gern, was der Bodensee ihm gibt, aber nun bereitet er die Fische nach allen Regeln der Kochkunst zu. Aus einfachen gegrillten Felchen in seiner Jugend wurden raffinierte Fischgerichte wie Hechtklößchen auf rotem Risotto mit Sommertrüffeln, Bodensee-Zanderfilet mit hausgemachten Fischmaultäschchen oder Bodensee-Lachsforelle auf der Haut gebraten.

Der Duft der Rosen weht durch den großen prachtvoll angelegten Garten direkt am Ufer des Sees und zieht über die großzügige Terrasse durch das helle, freundliche Restaurant. Knörles Frau Silvia hat einen grünen Daumen und würde, wie ihr Mann, niemals diesen herrlichen Fleck am Bodenseeufer verlassen wollen. Der Charme dieser Frau hat das gesamte Anwesen verzaubert. Es wurde dank ihrer gärtnerischen Sorgfalt zu einem wahren Filetstück am Obersee. Fischfilets verfeinert ihr Mann in der Küche, sie schafft die passende Dekoration weit um den lecker angerichteten Teller.

Jeden Morgen springen die beiden im Sommer in den See und sehen dann, wie die Bodenseefische in die Netze ihres Fischers Friedl schwimmen: fast direkt in die Pfanne des glücklichen Bodensee-Kochs.

⌀ Nehmen Sie Ihre Badesachen mit, springen Sie von der Terrasse der Knörles direkt in den See.

OTEL SEEHOF

MEERSBURG TOURISMUS /// KIRCHSTRASSE 4 ///
D-88709 MEERSBURG /// 00 49 / 75 32 / 44 04 00 ///
WWW.MEERSBURG.DE ///

DIE BURGFRAU, DIE ALTE RITTER LIEBT
Meersburg

Meersburg liegt am nördlichen Ufer des Bodensees zwischen Friedrichshafen und Überlingen. Den schönsten Anreiseweg bietet jedoch die Fährverbindung von Konstanz aus. Von der Fähre zeigt die Stadt ihr Panorama-Gesicht: die alte Burg und das Schlossensemble, ein einzigartiges Arrangement prachtvoller Bauten; in der Spätnachmittagssonne beleuchtet wie von Hollywoods Altmeistern.

Die Meersburg – die älteste Burg Deutschlands – gab der Stadt ihren Namen. Ritter haben die Burg im frühen Mittelalter gebaut. Später war sie im Besitz der Konstanzer Fürstbischöfe, dann gehörte sie dem badischen Markgrafen und heute wohnt in ihr die Burgfrau Juliane Naeßl-Doms mit ihrer Familie. Es gibt keine Geschichte der Burg, und keinen Winkel in ihr, den diese Frau nicht kennt. »Man muss das alte Gemäuer schon lieben, um hier wohnen zu können«, lacht sie geheimnisvoll, »denn nachts, wenn die Winde um die alten Burgtürme pfeifen, darf man nicht ängstlich sein«. Meersburg, die Schöne, sie war schon immer attraktiv zunächst für Maler, dann für Fotografen. Viel hat sich im alten Stadtbild nicht verändert. Das haben die Meersburger ihren vorausschauenden Vorfahren zu verdanken. Schon früh haben sie das Dorf Dorf sein lassen. Heute zeigt eine Bildergalerie im Rathaus die wertvollen Blicke in das vergangene Jahrhundert.

Hoch oben, über der Altstadt, thront das Fürstenhäuschen. Mit dem Zwanzigmarkschein wurde lange an die berühmte einstige Besitzerin erinnert: Annette von Droste-Hülshoff. Sie war eine vielseitige Künstlerin, sie schrieb, dichtete und komponierte. Heute wäre sie eine Pop-Diva.

Anna Wrzesinsky leitet das kleine Museum, und manchmal schlüpft sie in die Rolle von Droste-Hülshoff: »Ja, ich bin schon stolz auf Annette«, gibt die studierte Germanistin zu. Seit Jahren wohnt sie in dem Häuschen und gibt unumwunden zu: »Wir sind mit der Zeit Freundinnen geworden.«

✍ Pflichtprogramm: Rundgang vom Hafen ins Rathaus – unbedingt reingehen! – zum Schloss und Fürstenhäuschen. Besten Bodenseefisch auf der Terrasse mit Seeblick serviert Michael Off im Hotel Off, Uferpromenade 51.

RESTAURANT UND WEINSTUBE HALTNAU /// WERNER ENDRES ///
UFERPROMENADE 7 /// D-88709 MEERSBURG ///
00 49 / 75 32 / 97 32 /// WWW.HALTNAU.DE ///

SICHER WAR SIE (WEIN)REICH
Meersburg - Haltnau

33

Umrankt von Weinreben und Sagen: der Rebhof Haltnau. Er steht auf Meersburger Grund, gehört aber zu Konstanz. Dies ist eine alte Geschichte: Worum ging es da? Um Wein, Land und die Freifrau Wendelgard. In Konstanz hat sie heute noch viele Verehrer, in Meersburg dagegen wohl nur den Haltnau-Wirt Werner Endres.

»Sie soll im Gesicht statt der Nase ein Schweinsrüsselchen gehabt haben und auf dem Rücken einen wüsten Buckel …« Werner Endres lässt seine Fantasie Blüten treiben, wenn er die Hässlichkeit der Freifrau Wendelgard beschreibt. Sicher scheint zu sein, dass ihr der Rebguthof Haltnau zwischen Meersburg und Hagnau gehörte, den heute Werner Endres im Auftrag der Spitalkellerei Konstanz betreibt.

Fakt ist: Seit 1272 gehört die Haltnau zur Spitalstiftung der Spitalkellerei Konstanz. Der Legende nach hat Konstanz diesen Besitz von der Freifrau Wendelgard geerbt. Ihr gehörte der stattliche Hof, sie wurde aber von den Meersburgern gemieden und musste ihre Mahlzeiten allein einnehmen. Deshalb soll Wendelgard ihr Hab und Gut demjenigen angeboten haben, der täglich mit ihr speisen wollte. Die Meersburger zierten sich. Werner Endres aber weiß: »Den Konstanzern grauste vor nichts.« Der Haltnauwirt zitiert einen Vierzeiler, den die Konstanzer Stadträte geschrieben haben sollen: ›Trotz Wendelgard und Rüssel ess ich aus dieser Schüssel. Die Mahlzeit soll gesegnet sein, ich labe mich am Haltnauwein!‹

Den Meersburgern blieb das ehemalige bischöfliche, das heutige staatliche Weingut. Das einzige Weingut Deutschlands mit dem Prädikat VEB – Volkseigener Betrieb. Immer wieder flackert die Diskussion einer Privatisierung auf. Interessenten stehen Schlange. Wer das Weingut besitzt, dem gehören auch die Rebhänge unterhalb des Schlosses, mit exklusiver Seesicht.

Doch den Meersburgern sind die ihnen verbliebenen Rebhänge heilig. Werner Endres lehrt: »Weintrinker sind Umweltschützer!« Denn wo Reben wachsen, wird kein Meersburger mehr Land abgeben.

✍ Tipp für einen Fußmarsch: Panoramahöhenweg durch die Rebhänge von Meersburg nach Hagnau über den Weinkundeweg.

THEATERSTADEL /// WIRTSHAUS AM GEHRENBERG ///
GEHRENBERG 1 /// D-88677 MARKDORF ///
00 49 / 75 44 / 7 22 89 /// WWW.GEHRENBERG.DE ///

DER BALKON ZUM SEE
Markdorf

34

Was für ein wunderbarer Platz. Es scheint, als hätten die Kulissenschieber Hollywoods selbst Hand angelegt. Aber steht die Bühne vor oder hinter dem Betrachter? Denn dieser sitzt unter einer hundertjährigen Platane, das frisch gezapfte Bier schäumt, zu Füßen liegt der See, gegenüber glänzt das Alpenmassiv in der Abendsonne und gleich hebt sich dahinter der Vorhang.

Vorhang auf: Die Musik spielt nicht immer in der ersten Reihe. Die ehemalige Sommerresidenzstadt der Fürstbischöfe von Konstanz liegt wenige Kilometer vom See entfernt, und doch sieht man von hier aus den Bodensee fast in seinem gesamten Ausmaß. Der Gehrenberg bei Markdorf bietet eine einmalige Rundumsicht, und das Wirtshaus am Gehrenberg einen der schönsten Biergärten dazu.

Prolog: Vor über 30 Jahren zogen zwei aus, um frischen Wind in die idyllische Ferienregion zu blasen: Peter Berchtold und Walter Schirl. In der Zwischenzeit dürfte alles, was in der deutschen Kleinkunstszene Rang und Namen hat, schon auf dem Gehrenberg gastiert haben. Aus einem einfachen Ausflugslokal machten die Herren Berchtold und Schirl ein Kulturmekka für die aus München oder Freiburg an den See zurückgekehrten 68er.

Der zweite Akt: Eine bühnenreife Liebesromanze liefert die Familiengeschichte des Theaterstadels in der zweiten Generation. Die beiden Gründerväter hatten jeweils einen Sohn und eine Tochter. Und damit das Wirtshaus auch weiterhin in guten Händen bleibt, verliebten sich die beiden und führen bis heute gemeinsam fort, was ihre Väter gegründet hatten: Alexandra Berchtold sorgt für den kulinarischen Genuss, ihr Mann Frank Schirl für die Kunst.

Happy End: Das kulturelle Angebot auf dem Gehrenberg bietet in erster Linie Kabarett und Varieté auf der Bühne des Theaterstadels. Zusätzlich lockt das Wirtshaus auch mit einem besonderen Kinoprogramm. Gerade wurde dies von der Medien- und Filmgesellschaft Baden-Württemberg ausgezeichnet.

🍴 Linzgauer Küche bei Rudi Öxle, Restaurant Schwanenstüble, Marktplatz 3, in der Stadtmitte von Markdorf.

TOURISTENINFORMATION DEGGENHAUSERTAL ///
BADENER STRASSE 14 /// D-88693 DEGGENHAUSERTAL ///
00 49 / 75 55 / 9 20 13 /// WWW.DEGGENHAUSERTAL.DE ///

Im Deggenhausertal ticken die Uhren anders. Während mit den ersten Nebeln im Spätherbst am Bodensee Ruhe einkehrt, arbeiten die Bauern hier bis in die Wintermonate auf Hochtouren. Die Ernte wird eingebracht, alte Mostapfelsorten bis Ende November. Von frühmorgens bis spätabends hat in dieser Jahreszeit der Moster Siegfried Kopp zu tun: »Ich habe einen Saftladen«, lacht er und presst den ganzen Winter über tonnenweise Äpfel.

Sein Saftladen hätte einen ›Blauen Engel‹ verdient, den das Umweltministerium für natürliche Alternativproduktionen vergibt. Denn Streuobstwiesen bieten nicht nur ein aromatisches und gesundes Obst, sondern auch eine natürliche Landschaft. Die alten Apfelbäume an den Hängen des Deggenhausertals sind ein Kulturerbe. Der Besucher des Tals fährt durch eine wahre Traumlandschaft: Im Frühling blühen die Apfelbäume weiß bis rosarot, im Sommer schimmern rotwangige Äpfel durch sattes Blattgrün und im Herbst riecht es in jeder Ecke nach Erntedank.

›Tal der Liebe‹ nennen die Bewohner ihre Heimat. Vielleicht weil die jungen Frauen hier noch verführerischer aussehen als ihr reifes Obst. So soll manch ein Jüngling nach einem Abstecher ins Tal verheiratet zurückgekehrt sein, sofern er überhaupt zurückkehrte und nicht gleich im ›Tal der Liebe‹ blieb. Vielleicht hielt sich die Bezeichnung aber auch nach bitteren Kriegstagen, denn die Bauern in dem abgelegen Tal versorgten Kinder aus zerbombten Städten mit großer Fürsorge.

Einmal im Jahr geschieht im Keller des Mosters Kopp für Fremde Unheimliches. Aus dem einst süffigen und süßen Apfelsaft wird über die Wintermonate ein stark alkoholisches Getränk: Moscht. Früher standen Mostfässer in jedem Bauernhaus. Es war das Getränk für jeden Tag. Bier oder Wein waren den Linzgauern zu teuer. Doch wie erklärt Siegfried Kopp den Nordlichtern den Unterschied. »Vom Saft können Sie beliebig viel trinken. Wenn Sie viel Most trinken, ja – dann kommen Sie leicht ins Wanken …«

 Einziges Naturhotel am Bodensee: Mohren, Kirchgasse 1, im Deggenhausertal in Limpach.

TOURISTENINFORMATION DEGGENHAUSERTAL ///
BADENER STRASSE 14 /// D-88693 DEGGENHAUSERTAL ///
00 49 / 75 55 / 9 20 00 /// WWW.DEGGENHAUSERTAL.DE ///

Der Blick vom Höchsten: Unten im Dunst liegt der Bodensee, über ihm ragt das mächtige Alpenmassiv. Der Höchsten ist mit seinen 833 Metern ein Zwerg unter den Riesen der angrenzenden Berge, dafür bietet er einen grandiosen Blick auf ihr Ensemble. Der Höchsten liegt nördlich von Meersburg im weniger bekannten Hinterland des Linzgaus.

Erst vor 10.000 Jahren ist die Bodenseelandschaft geformt worden. Gletscher lagerten zuvor, wo heute rund um den See Apfel- und Laubbäume stehen. Auf den Spuren dieser ständigen Veränderung ist Peter Klink. Er sucht den Verlauf einer gegebenen Grenze, die die Natur in Tausenden von Jahren im Linzgau geschaffen hat. Diese natürliche Landschaftsgrenze trennte einst Kulturen und trennt heute noch Regierungsbezirke. »Eine gigantische Linie zieht sich durch ganz Europa, es ist eine Höhenlinie von Gibraltar bis in den Ural, die den Kontinent durch eine Wasserscheide zweiteilt«, ist Peter Link davon fasziniert. Die Wasserscheide trennt die Wasserläufe der Zuflüsse von Mittelmeer und Atlantik.

Im Linzgau ist die Grenze deutlich sichtbar, von einem langegezogenen Höhenrücken fließt ein Teil der Bäche Richtung Süden und damit in den Bodensee, von wo aus das Wasser über den Rhein in die Nordsee und somit den Atlantik geleitet wird. Die anderen Bäche führen in den Norden, münden in die Donau und schließlich ins Mittelmeer.

Die Grenze und die Landschaft verändern sich stetig. Jedes Jahr rutschen durch Regengüsse und Erdverschiebungen einige Zentimeter von der Kuppe des Höhenzuges dem Bodensee beziehungsweise dem Rhein entgegen. Die Kante bröckelt und verschiebt sich eindeutig in Richtung Donau.

Trotz dieses Phänomens steht der Hausberg, der Höchsten, da wie ein Fels. Peter Klink ist Kunstschmied und hat der ›Europäischen Wasserscheide‹ ein Denkmal gesetzt; er hat auf dem Höchsten den Mundartpfad errichtet. Damit will Klink die Bedeutung der Wasserscheide unterstreichen: »Die Wasserscheide ist auch die Sprachgrenze zwischen Alemannen und Schwaben.«

🖉 Eine Wanderung entlang der Wasserscheide zur Wallfahrtskirche Betenbrunn. www.europaeische-wasserscheide.de

GÄSTE-INFORMATION ILLMENSEE /// KIRCHPLATZ 5 ///
D-88636 ILLMENSEE /// 00 49 / 75 58 / 9 20 70 ///
WWW.ILLMENSEE.DE ///

DIE KLEINE ALTERNATIVE
ZUM GROSSEN BODENSEE
Illmensee

37

Die Entstehung des Illmensees – wie natürlich des gesamten Boden-seeraumes – ist für Geologen neuzeitlich. Vor gerade mal 10.000 Jah-ren ist der Illmensee entstanden. Für Wassersportler und Hobbyang-ler die Alternative zum großen Bodensee: ruhig und abgeschieden.

Naturpfade führen rund um das Hochmoor. Der kleine Bruder des großen Bodensees weiß um seine Stärken. Statt Vermarktung und Touristenrummel bietet er Rückzugsreservate für Tiere und Men-schen. Die Illmenseer lieben den Vergleich.

»Auch die kleinen Sachen haben ihre Reize«, weiß Rainer Heigle, der Wirt des Gasthaus ›Karpfen‹, direkt am See. An manchen Tagen serviert er in seinem Lokal seinen selbst gefangenen frischen Fisch aus dem Illmensee. Karpfenessen im ›Karpfen‹, das hat Tradition.

Illmensee selbst ist eine kleine ländliche Gemeinde. Ein romanti-scher Weg verbindet Ortskern und Seeufer. Auf einer Anhöhe steht die alte katholische Kirche. Viel mehr gibt es hier nicht, oder doch? Stühle, große und kleine und mannshohe Stühle. Sie stehen mitten auf dem Feld oder eben direkt am See. Stühle in allen Variationen und Farben; sie haben es dem fränkischen Künstler Alfons Röllinger besonders angetan.

Alfons Röllinger hat seine eigenen Stühle rund um den Illmensee gestellt. Mit Sicht auf den See und in die Landschaft hat er den Blick für seine neue Heimat geschärft. »Leben, wo sich Fuchs und Hase gute Nacht sagen«, lacht er und bemalt in seinem Atelier oberhalb des Sees einen weiteren Stuhl. Seine neue Heimat malt der Künstler mit kräftigen, farbenfrohen Pinselstrichen. Für die Alteingesessenen sind seine Bilder abstrakt. Für ihn ist jedes Werk eine lautstarke Liebes-erklärung an das Obere Linzgau. Mit geschwungener Leichtigkeit und satten Farben.

Erst vor 10.000 Jahren ist die Landschaft des gesamten Boden-seegebietes geformt worden. Gletscher lagerten zuvor, wo heute Ap-fel- und Laubbäume stehen. Achtung beim Spaziergang: Haifischzäh-ne, sicherlich ebenfalls so alt, wurden hier schon gefunden.

🖎 Das Wasser des Illmensees lockt Badende früher in den See, und im Winter Eisläufer früher darauf.

TOURIST-INFORMATION HEILIGENBERG /// SCHULSTRASSE 5 ///
D-88633 HEILIGENBERG /// 00 49 / 75 54 / 99 83 12 ///
WWW.HEILIGENBERG.DE ///

WENN DIE FAHNE WEHT,
IST DAS SCHLOSS GESCHLOSSEN
Heiligenberg

38

Christlichen Ursprungs ist der Name sicherlich nicht. Die Lage war schon immer besonders exponiert. Es kann davon ausgegangen werden, dass Heiligenberg lange vor Christus eine Kultstätte war. 600 n. Chr. wird der Ort im Kloster St. Gallen erstmals als ›Mons Sanctus‹ – heiliger Berg – urkundlich erwähnt. Wer mit dem Fahrrad vom See aus in den Ort hinaufstrampelt, erfährt das Besondere des Berges.

Es ist auf jeden Fall ein sehr begnadeter Berg. Und es grenzt fast an ein Wunder, dass das alte Schloss von 1260 noch heute unversehrt über dem Salemer Tal thront. Denn das Ende des Schlosses war im 17. Jahrhundert bereits beschlossene Sache. Französische Soldaten hatten den Sprengstoff angebracht, er war raffiniert in die Fundamente gebohrt. Der Befehl war erteilt – doch die Zünder versagten.

Nach dem Aussterben der selbständigen Heiligenberger Linie des Hauses Fürstenberg im Jahre 1716 wurde das Schloss in den späteren Jahrhunderten nur noch zeitweilig bewohnt. Die Schlossherren versahen zumeist hohe Ämter in kaiserlichen Diensten in Wien. Die Abgeschiedenheit in diesen Jahrhunderten hat dem Schloss seine ursprüngliche Gestalt bewahrt. Im Südflügel des Schlosses befindet sich der wohl prächtigste Renaissancesaal nördlich der Alpen. Mit der Schlosskapelle verfügt Heiligenberg über ein weiteres Kleinod der deutschen Renaissance. Ein Erlebnis ist auch die einmalige Aussicht vom Rittersaal auf den Bodensee und die Alpenkette.

Unter den Grafen von Werdenberg-Heiligenberg wurde die Festung zu einer spätmittelalterlichen Burg ausgebaut. 1535 gelangte sie durch Erbfolge an die heutigen Eigentümer, das Haus Fürstenberg. Auch der Fürst in seinem Stammschloss Donaueschingen zählt Heiligenberg zu seinen schönsten Besitztümern. Deshalb residiert er zeitweise mit seiner Familie im Schloss Heiligenberg. Dann weht auf dem Schlossturm die Fürstenbergische Fahne und das Schloss ist für Besichtigungen geschlossen.

Ein schöner Wanderweg führt über die Höhen nach Betenbrunn. Die sehenswerte barocke Wallfahrtskirche Betenbrunn steht auf einem Platz keltischer Götterverehrung.

CLEMENS BAADER JONGLIERT MIT ÖPFELN UND ERD-ÖPFELN

Gourmet-Tipp: Heiligenberg

Hoch über dem Bodensee kocht Clemens Baader. Fast könnte man diesen Ort symbolisch sehen, denn der einstige Sternekoch des Fürsten zu Fürstenberg kocht in Heiligenberg auf wahrlich höchstem Niveau. Anders kann es gar nicht sein, wenn er immer wieder versucht, die Ernten der Bauern auf den Höhen des nördlichen Bodenseeufers zu verfeinern. Dabei jongliert der Mann mit dem, was hier wächst, auch mit Öpfeln und Erd-Öpfeln.

Clemens Baader ist schon vor Jahren zurückgekehrt an den Herd seiner Eltern. Mitgebracht hat er internationale Erfahrung und höchste Auszeichnungen. Seither stellt er sich täglich den lokalen Anforderungen und der Küche der Region.

Jedes Gericht, das im ›Berghotel Baader‹ in der Küche gekocht, gebrutzelt oder geschmort wird, ist von Clemens Baader zigmal variiert worden. Sein Beruf ist sein Hobby. Er will Bodensee-Lebensmittel höchsten Standards servieren. Dafür fügt er Bodensee-Spargel mit Piccata vom Wachtelbrüstle zusammen, baut für den Heiligenberger Saibling ein Schäumle mit Duftreis oder setzt auf Linzgauer Bratkartoffeln getrüffelte Jakobsmuscheln-Carpaccio.

Der Mann gibt einfach keine Ruhe. Er sucht immer nach neuen Kreationen. Er ist Koch aus Leidenschaft. Clemens Baader will mit allen Lebensmitteln, die er hat, feinste Speisen kochen. »Alles muss schmecken«, ist sein Credo, »Austern servieren kann jeder, aber beim Kartoffelsalat beginnt schon die Kochkunst.«

Clemens Baader hat das Handwerk des Kochs zur Zeit der ›Nouvelle Cuisine‹ erlernt. Diese Kunst zeigt sich in fast jedem seiner Gerichte. Doch Baader hat sich längst emanzipiert und ist seinen eigenen Weg gegangen. Dafür hat er getüftelt, versucht, gekostet und probiert. Heute bietet er eine ausgefeilte internationale Linzgau-Küche. Dafür macht er auch mal Kartoffelpüree mit Apfelmus, nicht nur für Kinder ein wahrer Genuss aus Öpfeln und Erd-Öpfeln des Linzgaus.

✍ Ein ›Zehn-Gänge-Häppchen-Menü‹ führt kulinarisch rund um den Bodensee.

LITERARISCHES LEBEN AM BODENSEE
Walser & Co.

Literatur am Bodensee? Ein weites Feld. Alles, was zur Literatur am See gesagt werden kann, bleibt Fragment.

Der ungefähre Anfang liegt bei Walahfrid Strabo, geboren um 808 – nicht nur unter den Mönchen am See war er der bedeutendste Dichter. Er war der erste große Mönchsdichter des europäischen Mittelalters überhaupt. Mit ihm erreichte das abendländische Mönchstum zu Beginn des 9. Jahrhunderts eine ›neue Stufe der Bewusstheit‹ (Arno Borst). Er war ein Genie und ein begnadeter Wurz-Gärtner. Seine weltlichen Nachfahren auf der Insel, die den Titel ›Weltkulturerbe der UNESCO‹ führen darf, gehen diesem Geschäft heute noch nach. Zudem war er Patriot, verstand sich selbst als Alemanne und / oder Schwabe. Seine ganze Liebe aber galt der Reichenau. Die Insel war ihm der Mittelpunkt der Welt. Hat er übertrieben?

Gewiss, aber das gehört zur Dichtung. Die Wahrheit: Der Bodenseeraum spielte vom 8. bis zum 15. Jahrhundert eine bedeutende politische, wirtschaftliche und kulturelle Rolle im Heiligen Römischen Reich Deutscher Nation, wozu auch der 1295 geborene Mystiker Heinrich Suso, Sprössling eines Thurgauer Adelsgeschlechts, sein Scherflein beitrug. Die Gründe für den Niedergang der Region füllen Bücher und Bibliotheken. Hier nur so viel: Die Verlagerung der Handelswege von den Alpenpässen im Bündnerland zum Gotthard und das Aufkommen der Seewege brachten die Region in das wirtschaftliche Abseits. Durch unglückliches Taktieren im Reformationsstreit verloren die Städte am See zudem ihre Reichsfreiheit. Beides zusammen, wirtschaftliche Rezession und politische Machteinbuße, verminderten die weitere kulturelle Entwicklung, bis der Bodenseeraum zu einer idyllischen Provinzlandschaft verkümmerte.

Selbst eine Figur vom Kaliber des Ignaz Heinrich Karl Freiherr von Wessenberg (1774–1860), der 1832 die Ehrenbürgerschaft der Stadt Konstanz erhielt, konnte diese Entwicklung nicht aufhalten. Der Geistliche veröffentlichte theologische Arbeiten und andere wissenschaftliche Texte, aber auch veritable Dichtung. Dafür ist Annette von Droste-Hülshoff (1797–1848), Zeitgenossin Wessenbergs auf der Meersburger Seite des Sees, natürlich berühmter. Ihre ›Judenbuche‹ ist Schulstoff. Ein Museum erinnert an die westfälische Dichterin, ihr Zimmer im Turm der Alten

Burg bietet ein Landschaftspanorama ohnegleichen. Diese Landschaft ist ein Gedicht, man muss es nur noch aufschreiben. Viele haben es versucht, nicht nur zur Zeit der Droste. Zum Beispiel Gottfried Benn. Sein berühmtes Notat ›Kann keine Trauer sein‹ gründet auf einer Visite der Meersburg ...

Bis weit in die zweite Hälfte des 20. Jahrhunderts hinein ist dieser Zustand politischer Einflusslosigkeit und relativ schwacher wirtschaftlicher Infrastruktur geblieben. Von einigen heute vergessenen Dichtern gibt es entsprechende Sottisen über das unmögliche Leben am See. Von Peter Scher (1884–1953) zum Beispiel, der aus seiner Meersburger Idylle bald nach München entfloh: ›Der Bodenseezustand ist der Zustand des seligen Verblödens.‹ Hermann Hesse strandete um die Jahrhundertwende in Gaienhofen am Untersee. Wenn es stimmt, was der Lyriker Werner Dürrson (1932–2008) behauptete, dann wollte Hesse sich damals jeden Morgen erschießen. Der spätere Literatur-Nobelpreisträger zog Indien dem Freitod vor und kehrte 1912 der Höri den Rücken – damit auch seinen Freunden wie dem ›Rosendoktor‹ Ludwig Finckh (1876–1964).

Historiker der Universität Konstanz sprechen in diesem Zusammenhang von der ›Provinzialisierung der Region‹. Aber diese Erfahrung saß tief: ›Ich fürchte, provinzblind zu werden‹, notierte Hermann Kinder, 67, noch in den 1970/80er Jahren (›Fremd daheim‹, 1988). Ähnlich auch die Wahrnehmung von Markus Werner, 66, in Schaffhausen lebender Schriftsteller, von dem es streng kalkulierte Romane wie ›Zündels Abgang‹ (1984) oder ›Die Kalte Schulter‹ (1989) gibt: ›Meine Damen und Herren, wir leben am Rand. Wir leben, solange der Wald noch mag, hinter ihm ...‹ Werner trug seine Beobachtungen bei der Verleihung des Alemannischen Literaturpreises vor.

Seitdem hat sich einiges geändert. Die randständige Region hat sich stärker mit der großen, weiten Welt vernetzt. Einiges blieb, wie es war – es ist schön hier, die Natur weitgehend intakt. Vor allem auf der Höri. Sie gilt als die Literatur- und Künstlerlandschaft am See schlechthin; sie ist auch publizistisch am besten aufgearbeitet, nicht zuletzt deswegen, weil sich hier in der ersten Hälfte des 20. Jahrhunderts viele Bohemiens mit nachhaltiger Wirkung aufgehalten haben, anders als die Kollegenschar in Überlingen (Ernst und Georg Jünger), Uttwil (Carl Sternheim), Gottlieben (Emanuel von Bodman) oder Konstanz (Wilhelm von Scholz; Rudolf Adrian von Dietrich und die Expressionisten). Die Höri war Anlaufstelle für Dichter und Künstler wie Hesse und Finckh oder Eric Scheuermann (1878–1957) und Ernst Bacmeister (1874–1971). Diese Stadt-Flüchtige hatten sich in dieser weltabgewandten Ecke niedergelassen, weil sich hier auch ein preiswertes Domizil bot. Nach 1933 wurde der See zum Zufluchtsort für politische Verfolgte wie Otto Dix (1891–1969). Aber die Höri hat auch einen Dichter hervorgebracht: Jacob Picard (1883–1967), literarischer Chronist des deutschen Landjudentums, geboren in Wangen.

Manfred Bosch hat die Werke von Picard herausgegeben. Er ist der beste Kenner dieser Literatur- und Kunstlandschaft im Südwesten Deutschlands. Er hat auch das in jeder Hinsicht schwergewichtige Buch ›Bohème am Bodensee. Literarisches Leben am See von 1900 bis 1950‹ (1997) verfasst. Beide Editionen sind im Libelle Verlag in Lengwil (Thurgau) erschienen. Verleger Ekkehard Faude pflegt die Literatur am See seit einem Vierteljahrhundert. Zu seinen Entdeckungen gehört das Werk des vorarlbergischen Bauerndichters Franz Michael Felder (1839–1869), vor allem aber das des Allensbacher Malerdichters Fritz Mühlenweg (1898–1961).

Auch wenn die Höri keine klassischen Künstlerkolonien hervorgebracht hat – ihre Anziehungskraft beschränkt sich auch heute nicht nur auf Touristen. In Öhningen verbrachte Horst Brandstätter (1950–2006) seine besten Jahre als Autor und Galerist. Jochen Greven, 79, als Herausgeber der Werke Robert Walsers bekannt, lebte bis Anfang des Jahres auf der Höri. In Wangen hat der gebürtige Rielasinger Bruno Epple sein Domizil. Er ist eine Macht nicht nur am Untersee. Als Maler stellt er auch in Brasilien aus. Als Schriftsteller ist er ein Geheimtipp.

Der passionierte hiesige Epple war schon immer da, Martin Walser, Jahrgang 1927, sowieso. Der in Nußdorf lebende Schriftsteller gilt als der Patron am See – so nennen ihn seine Kollegen wegen seines imposanten Werks. In Walser hat der See seinen wortmächtigsten Anwalt. Würde er nicht am See leben, seine mit Seeleben imprägnierte Literatur sähe wohl anders aus – die zweifach verfilmte Meersburger Novelle ›Ein fliehendes Pferd‹ (1978), die Innenschau ›Seelenarbeit‹ (1979), Gottlieb Zürns seehaltiges ›Schwanenhaus‹ (1980) oder die anrührenden Wasserburger Kindheits- und Jugenderinnerungen ›Springender Brunnen‹ (1998). Walser versucht mit den Romanen, mit seinen Erzählungen (›Tassilo‹, 1989), vor allem aber auch mit essayistischen Arbeiten

(›Heimatkunde‹, 1968) zu ergründen, was diesen Rausch ausmacht, der offenkundig ansteckend ist. Denn nicht anders ist zu erklären, warum der See, auch wenn er kein einheitliches Denken, Fühlen und Ausdrücken hervorbringt, schon so viele Menschen am Haken hat(te).

Brechen wir ab. Der Heimatschriftsteller Walser wäre einen eigenen Beitrag wert, auch einen zweiten. Behelfen wir uns daher mit einer Einsicht von Hermann Kinder, der übrigens glaubt, dass der See eigentlich nur atmosphärisch eint: ›Über ihn (Walser) zu laudieren ist unrettbar lächerlich.‹ Der Satz signalisiert Größenverhältnisse. Aber aus seiner Berühmtheit schlägt der Patron kein unehrenhaftes Kapital. Er ist ein guter Nachbar. In Nussdorf. In Konstanz. Er ist Ehrendoktor der Universität. Und auch dort hat er Sympathisanten. Walsers Werk hat den Schriftsteller Hermann Kinder, der bis zum Sommer 2008 als Literaturwissenschaftler an der Universität arbeitete, seit jeher fasziniert. Leser wollen sogar einen Einfluss des Nussdorfers auf die Romane des Wahl-Konstanzers (und gebürtigen Thorners) erkennen. Richtig ist, dass Walser einer der ersten fördernden Leser von Kinders Debüt ›Der Schleiftrog‹ (1977) war.

Auch dafür ist Walser bekannt: dass er stets ein offenes Ohr für Kollegen hat. Drei Beispiele nur: So hat er mit einem Nachwort in ›Rabenkrächzen‹ (1982), der ersten Erzählung der in Friedrichshafen lebenden Maria Beig, die Rezeption dieser aus dem bäuerlichen Milieu stammenden ›Sagerin‹ bestimmt. Mit einer mehrseitigen Hymne hat er 1994 im ›Spiegel‹ den Raster Arnold Stadler als Chronisten des oberschwäbischen Raums einer breiteren Öffentlichkeit bekannt gemacht. Oder, zuletzt, schrieb er ein ganzes Buch über die Werke von Andreas Beck, dem Konstanzer Mediziner, der auch Novellen vom Schwarzwald und Bodensee schreibt (›Der Lebensroman des Andreas Beck, seinen Büchern nacherzählt‹, 2006). Walser rühmt nur, was er gerne liest. Das macht ihn und seine Empfehlungen so glaubwürdig.

Stadler, von dem inzwischen 20 Bücher vorliegen, stieß in den 1990er-Jahren zu den Autoren am See. Bei einer Lesung Walsers in Überlingen lernte er den Patron kennen. Seit diesem Zusammentreffen gibt es – neben der intellektuellen – eine Art Vater-Sohn-Beziehung zwischen den beiden. Die an der Stelle nicht endet. Auch zu den drei schreibenden Töchtern Walsers, Johanna, Alissa und Theresia, bestehen Kontakte. Und zu Karl-Heinz Ott, dem Schriftsteller und Lebensgefährten von Theresia Walser. Der aus dem Oberschwäbischen stammende Ott ist Autor eines kleinen, aber feinen Romanwerks. Seine erste Buchpublikation ›Ins Offene‹ (1998) im Salzburger Residenz Verlag vermittelte Stadler.

Walser gehört – wenn auch mit einer gewissen Distanz – zu jener Literaturszene am See, die ihren Ausgang in der zweiten Hälfte der 1970er-Jahre nahm. Damals entwickelten sich in Konstanz und der westlichen Bodenseeregion zahlreiche Kontakte, die ab Anfang der 1980er-Jahre zu einer losen Gruppenbildung führten, die auch als ›VS-Regionalgruppe Westlicher Bodensee‹ firmierte (VS steht für Verband deutscher Schriftsteller). Die Mitglieder der Gruppe trafen sich in Konstanz, Meersburg oder aber auch auf dem ›Land‹. Mitglieder der ersten Stunde waren die Lyriker Hans Georg Bulla, Dürrson, Jochen Kelter und Peter Salomon sowie die Romanciers Kristel Neidhart, Peter Renz, Hermann Kinder und Karin Reschke. ›Hier fanden Gespräche über Literatur, Gewerkschaft, Schriftstellerverband, Deutschland und uns selbst statt‹, erinnert sich der im oberschwäbischen Waldburg lebende Renz, der mit dem Buch ›Vorläufige Beruhigung‹ (1980) einen exemplarischen Bewusstseins- und Entwicklungsroman seiner Generation vorlegte. Verbindendes Projekt war damals die Konstanzer Literaturzeitschrift ›Univers‹ (1974–1981). Die Zahl der Zeitschriften, die den internationalen Bodensee literarisch begleiten, ist an einer Hand abzuzählen. Die längste Halbwertzeit zeigt bisher die ›Allmende‹ (seit 1981), die ihren Sitz neuerdings in Karlsruhe hat.

Von den am See lebenden Schriftstellern, die sich wenig einheitlich präsentieren, spielen etliche eine gewichtige Rolle im Literaturbetrieb: Walser natürlich, seit ›Ehen in Phillipsburg‹ (1957) ist er ein Dauerseller; Robert Schneider, mit seinem Fantasybuch ›Schlafes Bruder‹ (1992); Michael Köhlmeier, wie Schneider ein Vorarlberger, legte zuletzt den Jahrhundert-Roman ›Abendland‹ vor; dem schon erwähnten Werner glückte mit dem Kunststück ›Am Hang‹ 2004 ein überraschender Coup, einige Jahre zuvor dem Toggenburger Peter Weber mit ›Der Wettermacher‹ (1994); Stadler erhielt für seine mehrbändige oberschwäbische Erinnerungsarbeit den Büchner-Preis. Auch der Überlinger Christof Hamann, der 2001 mit dem Roman ›Seegfrörne‹ debütierte, gehört hier genannt. Und Gaby Hauptmann. Die in Allensbach lebende Schriftstellerin ist mit ihren Romanen regelmäßig in den Bestsellerlisten zu finden. Erfolg ist weder ein Automatismus noch für die am Rande lebenden Schriftsteller die Regel. Ein Geheimtipp bleibt wohl Kinder, dessen weltkluge Romane nicht den Geschmack des Massenpublikums bedienen. Und auch Renz sorgte nur mit seinem Debüt deutschlandweit für Furore. Aber er ackert auf verschiedenen Feldern – als Verleger, als Drehbuchautor und als Journalist. Zuletzt publizierte er ein Buch über Friedrichshafen (2008). Renz war ein Aktivist des 1949 gegründeten ›Ravensburger Kreises‹, der literarischen Gesellschaft Oberschwabens. Ein zweiter Motor der Gesellschaft war Josef W. Janker (1922–2010), Autor des viel gerühmten Romans ›Zwischen zwei Feuern‹ (1960).

Feste Strukturen wie den Ravensburger Kreis gibt es wenige am See. Nachdem die ›VS-Regionalgruppe Westlicher Bodensee‹ Ende der 1980er-Jahre ermüdete, wurde sie von Walter Neumann und Zsuzsanna Gahse – seinerzeit frisch an den See zugezogene Dichter – 1992 neu belebt. Die Gruppe tagt als ›Meersburger Autorenrunde‹ immer noch auf der alten Meersburg. Und macht ein Dilemma offenkundig.

In der Anthologie ›Landmarken. Seezeichen. Texte der Meersburger Autorrunde‹, 2001 von Josef Hoben und Walter Neumann herausgegeben, sind 37 Autoren vertreten, aber nur je zwei Schweizer und Österreicher. Nicht anders ist es bei den Treffen der Gruppe. Um den grenzüberschreitenden Autorenverkehr ist es nicht zum Besten bestellt. Obwohl neben den erwähnten Schriftstellern Köhlmeier und Schneider Vorarlberg mit Arno Geiger, Ulrike Längle und Monika Helfer und die Schweiz neben Werner, Christoph Keller, Peter Stamm, Helen Meier, Beat Brechbühl oder Marianne Ulrich vorzeigbare Autoren besitzt. Es kommt selten zu Begegnungen – wie etwa auf der jährlichen ›LiteraTour‹ des Internationalen Bodensee-Clubs (IBC) auf dem Motorschiff ›Zeppelin‹. Wahrscheinlich hat Hermann Kinder einmal mehr recht, wenn er im Nachwort zu der gemeinsam mit Jochen Kelter 2009 herausgegebenen Anthologie ›Bodenseegeschichten‹ notiert, dass sich weder die vorarlbergischen noch die ostschweizer Autoren als Schutzherren einer literarischen Szene Bodensee verstehen, die es für sie über einzelne Freundschaften hinaus nicht gibt. Mit anderen Worten: »Auch literarisch ist die Bodensee-Zusammenrottung deutsch.« Viel unproblematischer finden sich dagegen junge Literaten und ihre Zuhörerschaft grenzüberschreitend zusammen bei Poetry-Slams, die von der Konstanz-Kreuzlinger Sprechstation mit großer Resonanz organisiert wird.

Siegmund Kopitzki

KUR UND TOURISTIK ÜBERLINGEN GMBH /// LANDUNGSPLATZ 5 ///
D-88662 ÜBERLINGEN /// 00 49 / 75 51 / 9 47 15 22 ///
WWW.UEBERLINGEN.DE ///

Ewald Gieß genießt den herrlichen Blick täglich mehrmals. Er pendelt mit seiner ›Seeperle‹ im Linienverkehr von Konstanz-Wallhausen nach Überlingen. Das Panorama der Bodenseestadt am Nordufer liegt meist im warmen Licht der südlichen Sonne. Dominierend die stattlichen Häuser der Altstadt, das Münster und die Greth am Landungsplatz.

»Buongiorno, che cosa desidera?« Es ist Markttag in Überlingen. Die treue Seele, Signora Pina De Sanctis, ist jedem ein Begriff. Auch sie schenkt mit ihrem Marktstand der Bodensee-Stadt Überlingen diesen Hauch mediterranen Flairs. Die Marktstände sind bunt verteilt über die epochale Hofstatt und werden eingerahmt von herrschaftlichen Patrizierhäusern und dem historischen Rathaus sowie dem spätgotischen Münster. Über der Stadt thront ein weiterer Gruß italienischer Kunst: Der Medicus Andreas Reichlin von Meldegg baute hier 1462 einen wahren ›Palazzo Prozzo‹ nach dem Vorbild damaliger florentinischer Architekten. Heute ist das Städtische Museum darin untergebracht. Der Garten mit Ausblick über die Stadt und den See gehört zu den schönsten Anlagen am Bodenseeufer.

Im Museum rückt die Geschichte der ehemaligen Freien Reichsstadt Überlingen näher. Auch Werke bedeutender Künstler der Region, wie Statuen von Anton Feuchtmayer oder Schnitzereien der Gebrüder Zürn. Vieles kann man auch vor Ort bestaunen: den im 17. Jahrhundert geschnitzten Hochaltar des Meisters Jörg Zürn im Münster, den Ratssaal im Rathaus, 1490 von Jakob Russ erschaffen, oder den Renaissancebau des Stadtarchivs von 1598.

So geschichtsträchtig ein Rundgang durch die Altstadt Überlingens ist, die Gäste reizt die Promenade. Am Landungsplatz treffen sie auf beides: Das einstige städtische Handels- und Kornhaus Greth aus dem Mittelalter wurde vollständig umgebaut. Die Markthalle und Restaurants locken heute unter dem über 200 Jahre alten Walmdachgestühl zur Siesta. Pino Arena vermittelt im ›Allegretto‹ das mediterrane Flair.

☞ Simon Metzler zählt zu den ›jungen Wilden‹ der Linzgau-Köche, in seinem ›Bürgerbräu‹ sitzt man gediegen, Aufkircher Straße 20.

KUR UND TOURISTIK ÜBERLINGEN GMBH /// LANDUNGSPLATZ 5 ///
D-88662 ÜBERLINGEN /// 00 49 / 75 51 / 9 47 15 22 ///
WWW.UEBERLINGEN.DE ///

Auf der Promenade zeigen sich die Damen im feinen Kostüm und die Herren leger im Sommeranzug. Doch wer sich aus der Überlinger Stadt nur wenige Meter westlich bewegt, wird sein Schuhwerk bald wechseln müssen. Vorbei am Rosenpark und Kakteengarten sieht man sie bereits hier: die abweisend steile Felswand, Schießscharten, geheimnisvolle Höhleneingänge und hoch oben den Gallerturm.

Man mag sich über die exakte Gründung der Stadt streiten, im Osten lebten jedenfalls die ersten Bewohner, lange bevor ein Stadtschreiber tätig war. Leider ist von den Heidenhöhlen bei Überlingen-Goldbach nur noch wenig zu sehen, da die Felsen gesprengt wurden, um Straßen und Eisenbahnanbindungen zu schaffen. Trotzdem erkennt man im weichen Molassegestein noch ihre Ausmaße.

Eine Wanderung über die Molassesedimente zeigt, auf welch unsicherem Grund Überlingen steht. Der Weg nach Hödingen führt durch skurril wirkende Tobel und Schluchten, die von Wind und Regen geformt wurden. Die Gletschermühle bei Goldbach zeigt, wie strudelndes Gletscherwasser Steine vor sich herschwemmte und eine kreisrunde Vertiefung in die Molasseschicht schliff.

Unterhalb der Heidenhöhlen liegt die Sylvesterkapelle bei Goldbach direkt am Bodensee. Sie ist das älteste Gotteshaus der Gegend. Die Wandmalereien und Fresken wurden von Reichenauer Mönchen im Jahre 849 kunstvoll angebracht.

Der Stollen wäre längst vergessen, hätte der Überlinger Lehrer Oswald Burger nicht nachgeforscht. Die Rüstungsindustrie von Friedrichshafen suchte während des Zweiten Weltkrieges Schutz. KZ-Häftlinge sollten das weiche Gestein des Felsens bei Überlingen für sichere Fertigungshallen aushöhlen. Sie mussten tiefe Tunnel in den Berg treiben, viele kamen dabei ums Leben. Besichtigungen sind über die Kur und Touristik in Überlingen möglich.

🖋 Wanderweg von Überlingen über Schloss Spetzgart nach Hödingen, durch den Hödinger Tobel und zurück am See. Achtung: Festes Schuhwerk anziehen und nur bei trockenem Wetter losmarschieren!

🖋 Buchtipp: ›Der Stollen‹, Oswald Burger, Edition Isele 1997.

BODENSEE-THERME ÜBERLINGEN /// BAHNHOFSTRASSE 27 ///
D-88662 ÜBERLINGEN /// 0049 / 7551 / 30 19 90 ///
WWW.BODENSEE-THERME.DE ///

DA KONNTE THOMAS GOTTSCHALK
GUT GROSSE TÖNE SPUCKEN

Überlingen – Bodensee-Therme

41

Es ist für Saunagänger schon etwas ganz Besonderes. Man schwitzt in einer großzügigen Sauna, im offenen Kamin lodern die Holzscheite, man blickt durch eine große Glasscheibe auf den Bodensee und weiß, gleich kann man darin schwimmen. Direkt aus der Sauna führt ein Steg in den See: das größte Kaltwasserbecken Europas, wie die Betreiber stolz werben.

Die Bodensee-Therme hat Thomas Gottschalk vor einer fragwürdigen Heldentat bewahrt. Er hatte großspurig angekündigt, während einer Aufzeichnung seiner Show ›Wetten, dass …?‹ in Friedrichshafen in den Bodensee zu springen. Der Haken: Es war im tiefsten Winter, die Temperatur des Sees maß gerade mal acht Grad Celsius. Trotzdem bekamen die Zuschauer während seiner Show ein Filmchen zu sehen, in dem der blondgelockte Moderator mutig in die kalten Fluten stieg. »Was für ein Kerl!«, mögen seine Fans geglaubt haben – in den Bodensee-Thermen in Überlingen wusste man es besser.

Thomas Gottschalk hatte vorgesorgt, wie es täglich Hunderte von Gästen der drei Thermen am See tun: Er saß zuvor in der Sauna, hatte sich aufgewärmt und sprang dann verschwitzt in den See.

Was für eine Wohltat, was für ein Genuss! Der See ist glasklar, die Sonnenstrahlen glitzern silbern auf der Wasseroberfläche, sanfte Nebelschwaden wabern am Horizont, eine einsame Möwe beklagt laut die kalten Temperaturen. Man fühlt sich schon ein bisschen wie Siegfried, der Held der Nibelungensage, wenn man nackt in den kalten See watet. Es muss ja nicht für lange sein, grad so, dass man sagen kann wie Gottschalk: Ich steige auch im Winter in den Bodensee!

Bodensee-Thermen gibt es übrigens drei am See: in Überlingen, in Meersburg und in Konstanz. In Überlingen und Meersburg kann man direkt nach den Saunagängen in den See springen. Das geht auch in Radolfzell, dort hat die Saunalandschaft ›Bora‹ mitten im Naturschutzgebiet ebenfalls einen direkten Seezugang.

    Jede der drei Thermen Konstanz, Meersburg und Überlingen bietet einen anderen Vorteil – und Bora in Radolfzell ist wieder anders. Besuchen Sie sie am besten der Reihe nach.

MAINAU GMBH /// D-78465 INSEL MAINAU ///
00 49 / 75 31 / 30 30 /// WWW.MAINAU.DE ///

DER SCHMETTERLINGSDOMPTEUR
Mainau

42

Stefan Reisch ist Gärtner. Raupen und Schmetterlinge sind für seine Berufskollegen keine Freunde. Doch Stefan Reisch hat sich heute längst mit den bunten Tieren angefreundet und sorgt sogar dafür, dass sie sich kräftig vermehren und möglichst lange leben. »Allerdings nur im Schmetterlingshaus«, lacht er, »meinen Kollegen draußen muss ich die Tiere vom Leib beziehungsweise den Pflanzen halten.« Denn bei aller Begeisterung für das Schmetterlingshaus, die Mainau ist und bleibt die Blumeninsel des Bodensees.

Drinnen ist es tropisch und bunt. Vor allem die vielen kleinen Tiere sorgen für die schillerndsten Farben. 3.000 Schmetterlinge flattern durch die Lüfte, unzählige Raupen fressen sich durch das Grün einiger Topfpflanzen. Stefan Reisch hat sie alle im Blick, er schaut, dass die Schmetterlinge genügend Nahrung finden und die Raupen nicht an das Grün seiner Kollegen im Freien gelangen. Die Schmetterlinge der Mainau unterteilen sich in zwei Arten: Die Fruchtzuckerfresser, die an den Bananenstauden oder Orangenbäumen knabbern, und die Nektarsauger, die sich an den Blüten der Pflanzen laben.

Die Flügel des größten Schmetterlings der Mainau haben eine Spannweite von über 30 Zentimetern. Atlasspinner heißt er und kommt aus Südamerika. Der kleinste Schmetterling ist der Liebling von Stefan Reisch: »Ihn sieht man nur selten, da seine Flügel durchsichtig sind.« Glasflügler heißt das Tier folgerichtig, kommt ebenfalls aus Südamerika und ist so grazil wie eine untergewichtige Balletttänzerin. Die Flügel selbst wirken gläsern, nur der Rand hat eine dunkle Markierung.

Das Schmetterlingshaus steht im Herzen der Blumeninsel Mainau. Auf ihr wachsen Palmen, Orangen und andere exotische Pflanzen. Doch das weiß längst jeder Tourist, und über die gräfliche Familie selbst berichten die bunten Blätter. Stefan Reisch hält es da mit dem Mannheimer Sänger Xavier Naidoo: Oh du bist mein Schmetterling / siehst aus wie eine Königin / schenkst mir diesen Neubeginn / verwandelt wie ein Schmetterling. / Oh du bist mein Schmetterling …

✍ ›Die andere Mainau 1945‹, Arnulf Moser, UVK 1995, erzählt von der Geschichte der Insel in einer politisch verworrenen Zeit.

DAS BAROCKJUWEL AM SEE
Birnau

43

Sie ist ohne Zweifel die schönste Kirche rund um den gesamten Bodensee. Sie ist so schön, dass sie nach dem Willen einiger Gottesmänner gar nicht hätte gebaut werden dürfen. Doch der mächtige Abt in Salem, Anselm II., scherte sich wenig um seine Kritiker. Er war ›wirklicher Geheimrat‹ am Kaiserhof Maria-Theresias. Den Kirchenbau am nahegelegenen Seeufer finanzierte er vermutlich aus der Portokasse.

Kein Gebäude rund um den See findet sich wohl so oft im Visier der Kameras der Touristen wie die Birnau am nördlichen Seeufer oberhalb von Maurach. Dabei sind Dimension und Einmaligkeit der barocken Kirche erst im Innern sichtbar. Sie wurde in nur drei Jahren um 1746 vom Vorarlberger Baumeister Peter Thumb für die Reichsabtei Salem errichtet. Die Ausstattung, Skulpturen und Altäre sind eine Leistungsschau der regionalen Künstler jener Zeit. Vorneweg Joseph-Anton Feuchtmayer aus Salem, dessen Putto der ›Honigschlecker‹ heute zu den bekanntesten Figuren der Birnau zählt.

Die Klosterkirche Birnau wurde als Ersatz für eine Wallfahrtskirche gebaut, die auf einem Hügel östlich von Nußdorf stand, einige Kilometer von dem Standort der heutigen Kirche entfernt. Doch Abt Anselm wollte für die neue Kirche einen dominanteren Standort in unmittelbarer Nähe zum See. Diesen hat er ohne Zweifel gefunden. Bei den Neubauplänen ließ er sich nicht beirren. Die Kirche sollte nach seinem Willen die Herrlichkeit des Gottesreiches präsentieren. Dafür war ihm nichts zu teuer. Nur einige seiner Mönche murrten, später musste sich Anselm II. für die erhöhten Ausgaben vor einer Anhörung rechtfertigen.

Doch schon wenige Jahre danach, 1804, stand die Säkularisierung an, und die Birnau fiel an den Markgrafen von Baden. 1919 verkaufte dieser das Gebäude für 70.000 Reichsmark an die Zisterzienserabtei Wettingen-Mehrerau bei Bregenz. Mönche dieser Abtei pflegen noch heute das Barockjuwel am See.

☞ Gehen Sie den Weg des Abtes Anselm II. vom Kloster Salem über den Prälatenweg, vorbei an den Fischweihern des Markgrafen von Baden, zur Birnau.

PFAHLBAUMUSEUM UNTERUHLDINGEN BODENSEE ///
STRANDPROMENADE 6 /// D-88690 UHLDINGEN-MÜHLHOFEN ///
00 49 / 75 56 / 92 89 00 /// WWW.PFAHLBAUTEN.DE ///

STEINZEIT SPIELEN
Unteruhldingen

44

Vor 3.000 Jahren lebten die Menschen rund um den See in Pfahlbauten. An manchen Orten, in flachen Gewässerzonen, kann man noch heute über Spuren von ihnen und ihren Behausungen stolpern. 1922 gründete sich ein Verein für Pfahlbaukunde in Unteruhldingen. Das Pfahlbaumuseum gibt heute einen Einblick in das Leben der Menschen in der Bronzezeit am See. Die UNESCO hat 2011 die Prähistorischen Pfahlbauten rund um die Alpen als Weltkulturerbe anerkannt.

Schnell legt er T-Shirt und Jeans beiseite, schlüpft unter ein weites, herb gewebtes Tuch und zieht sich Ledersandalen über die Füße. So spielt Matthias Kraus die Rolle des ›Uhldi‹ und zeigt, wie die Menschen in der Steinzeit gelebt haben: Feuer machen mit Pyrit und Zunderschwamm, messerscharfe Feuersteinklingen schlagen, Werkzeuge, Pfeile und handgemachte Töpfe herstellen sowie andere wichtige Steinzeittechniken. Matthias Kraus ist von Haus aus Diplom-Physiker, aber auch absoluter Steinzeit-Fan. Nach seinem Studium in Stuttgart zog er an den Bodensee. Als Führer des Pfahlbaumuseums begann seine Karriere. Ende der 90er-Jahre wurde das Hornstaadhaus gebaut. Es ist ein weiteres der 23 Hütten, das nur mit Pfählen, Lehmwänden und Grasdach ausgerüstet ist. Hier drin wollte Matthias Kraus erleben, wie es ist, wenn man sich in die Zeit der Steinzeitmenschen zurückversetzt.

Die Pfahlbausiedlungen konnten am besten im Winterhalbjahr, in Zeiten zurückweichenden Wasserstandes, errichtet werden. Mit fallendem Seespiegel wurden, dies zeigen Ausgrabungen, immer mehr Pfahlbauhäuser in den feuchten Grund der Uferflächen gestellt. Am Bodensee sind zwischen 4300 und 850 v. Chr. Pfahlbauten nachgewiesen.

Matthias Kraus zeigt als Uhldi zu bestimmten Zeiten nicht nur, wie die Menschen damals lebten. Er hat auch schon im Selbstversuch das kärgliche Leben nachgelebt. Für Matthias Kraus ein interessantes Lernziel: »Wenn man mal sieht, mit wie wenig man doch auch auskommen kann.«

✍ Ein idyllischer Spazierweg führt von Unteruhldingen am Naturschutzgebiet Seefelder Ach und Maurach vorbei zur Klosterkirche Birnau. Gehzeit etwa eine Stunde.

HOTEL SEEHALDE /// BIRNAU-MAURACH 1 ///
D-88690 UHLDINGEN /// 00 49 / 75 56 / 9 22 10 ///
WWW.SEEHALDE.DE ///

DIE ZWEI GRULER-BRÜDER –
UND EIN STANDPUNKT
Gourmet-Tipp: Unteruhldingen-Maurach

Die beiden sind sich einig und ergänzen sich geschmackvoll: Markus Gruler tüftelt in der Küche, sein Bruder Thomas hat im exklusiven Weinkeller das Sagen. Beide nutzen die regionalen Früchte, beide wollen verfeinern und kreieren. Seit die Brüder im ›Hotel Seehalde‹ unterhalb der Klosterkirche Birnau das Zepter in Küche und Keller übernommen haben, strebt das Restaurant im Ranking der feinsten Küchen des Bodensees stetig nach oben. Die Kritiker überschlagen sich mit begeisterten Kommentaren, die Punktezahlen sind im exklusiven Bereich angelangt.

Woher die beiden nur ihre Fantasie haben? Manchmal sitzen sie gemütlich mit Wein auf ihrer herrlichen Terrasse und ›stormen‹. Dabei kommen sie auf Ideen, bei denen jeder andere Koch abwinken würde: Sauschwänzle und Hummer, Karpfen mit Schneckenmaultäschle, Bodenseehecht mit Olivenpaste oder Felchenfilet auf badischer Graupenpaella. Markus Gruler will eine abwechslungsreiche Küche und stellt diese Kreativität ständig unter Beweis. Seine Karte ändert sich fast täglich, und immer ist ein ›abgefahrenes Gericht‹ mit auf dem Speiseplan. Dabei ist er nicht darauf aus, den großen Wurf zu landen oder gar nach den Sternen zu greifen; er ist ein Kind der Region und will die Früchte vor seiner Haustür mit neuen Geschmacksnuancen versehen. Dazu nutzt er sein Repertoire an Wissen über längst vergessene Gemüse oder heimische Kräuter. So serviert er einen Linzgau-Pressack vom Landgockel mit einem Pesto seiner legendären schwarzen Nüsse und zeigt, wie herrlich echte, traditionelle Küche auch heute noch sein kann – wenn man weiß wie.

Die beiden Gruler-Brüder beweisen einen gemeinsamen exklusiven Standpunkt. Während Markus in der Küche glänzt, begeistert Thomas – der übrigens ebenfalls gelernter Koch ist – als Sommelier mit exklusiven Weinen die Gäste. Gerade hat er einen eigenen Bodensee-Cuvée kreiert. Die besondere Lage direkt am See krönt die Anstrengungen der beiden Brüder.

✍ Auf der Terrasse der ›Seehalde‹ sitzen Sie an einem der wohl romantischsten Plätze direkt am See mit Blick auf die Mainau.

GLOBAL PLAYERS

TOURIST-INFORMATION /// HAFENSTRASSE 5 ///
D-78351 LUDWIGSHAFEN /// 00 49 / 77 73 / 93 00 40 ///

BODMAN /// 00 49 / 77 73 / 93 96 95 ///
WWW.BODMAN-LUDWIGSHAFEN.DE ///

WARUM BODENSEE?

Bodman-Ludwigshafen

45

Für Julia Bentele ist es klar, dass man in Bodman gewesen sein muss, schließlich ist ihr Heimatort der Namensgeber des Bodensees. »Aber«, bedauert die Ur-Bodmanerin, »von der bedeutenden Zeit unseres Ortes ist leider nicht mehr viel zu sehen.« Dabei stand hier im 9. Jahrhundert die Kaiserpfalz. 1277 kaufte sie Graf Johann von Bodman. Damit hatte er seinen Sitz ›auf dem Boden‹, im Gegensatz zu den Siedlungen, die am Hochufer lagen. Bei dem mittelalterlichen Dichter Wolfram von Eschenbach taucht dann zum ersten Mal ›bodemsê‹ auf.

Bodman-Ludwigshafen ist heute eine sogenannte Doppelgemeinde. Beide Orte liegen am Ende des Überlinger Sees. Wie Bodman hat auch Ludwigshafen als Namensgeber einen adligen Paten: Der badische Großherzog Ludwig baute 1826 den Hafen in Sernatingen aus. Ihm zu Ehren wurde dieser Ort danach umbenannt.

Heute ist Peter Lenk der wohl bekannteste Mann in der Doppelgemeinde. Rund um den Bodensee gibt es fast keinen Ort, in dem nicht ein Zeugnis seiner Kunst steht. Am bekanntesten dürfte die ›Imperia‹ sein an der Hafeneinfahrt in Konstanz; nicht weniger Schlagzeilen brachten ihm der ›Martin-Walser-Brunnen‹ am Überlinger Landungsplatz ein oder die ›Magische Säule‹ von Meersburg. 2008 enthüllte er sein erstes Werk in seiner Heimatgemeinde: ein Relief mit dem Titel ›Ludwigs Erbe‹. Es handelt sich hier um fünf nackte Politiker, die sich bei ihrem Globalspiel die Stange halten. Seither muss man in Ludwigshafen gewesen sein, um diesen Stein des Anstoßes gesehen zu haben.

Längst gibt es einen heimlichen ›Peter-Lenk-Weg‹. In Ludwigshafen im Hafengelände steht das neue Relief. Von dort führt der Bodenseerundweg durch eine typische Schilflandschaft in das vier Kilometer entfernte Bodman. In der Kaiserpfalzstraße 20 winken dem Spaziergänger schon von Weitem die baumhohen ›Mauerkieker‹ zu. Sie provozierten einst die Grenzschützer der DDR in Ostberlin.

✿ Von Bodman zur Marienschlucht führt ein etwa sechs Kilometer langer Wanderweg am natürlichen Bodenseeufer entlang. Die Schlucht selbst ist wildromantisch, aber nur mit gutem Schuhwerk zu begehen.

BODENSEE-LINZGAU TOURISMUS E. V. /// SCHLOSS SALEM ///
D-88682 SALEM /// 00 49 / 75 53 / 91 77 15 ///
WWW.BODENSEE-LINZGAU.DE ///

TOSKANA AM BODENSEE

Linzgau

46

Der Vergleich des Linzgaus mit der Toskana drängt sich auf: Diese Landschaft ist ein Zipfel am Tyrrhenischen Meer beziehungsweise am ›Schwäbischen Meer‹. Vor dem unvergleichlichen Hintergrund der gezackten und weißen Gipfel der Apuanischen Berge oder der Alpen erstreckt sich eine besonders fruchtbare Ebene mit sanften Hügeln der Versilia beziehungsweise des Linzgaus. Überall mit Wäldern, Weinreben, Olivenbäumen und Zypressen bedeckt sowie mit Wäldern, Weinreben, Obstbäumen und Pappeln.

Im Linzgau wachsen wie in der Toskana edle Genüsse. Das Weingut Aufricht liegt inmitten des Meersburger Landschaftsschutzgebietes, in einer Kulturlandschaft mit seltenem Einklang aus Anmut und Nutzung. Die Weinberge reichen bis hinunter ans Bodenseeufer. Im Jahr 2008 bekamen die Aufrichts den Ritterschlag beim Internationalen Wettbewerb ›Concours Mondial de Bruxelles‹; 230 Verkoster aus 40 Ländern bewerteten rund 6.000 Weine. Für den Weißburgunder erhielt die Winzerfamilie die Goldmedaille. Weltmeisterlich!

Der Linzgau hat sich einen besonderen Namen unter den Genießern geschaffen. Seit Jahren gibt es den Zusammenschluss ›Die Linzgau-Köche‹, die es vereint zu einer ansehnlichen Punktzahl der entscheidenden Gastrokritiker bringt: 130 Punkte des Gault Millau, 13 Empfehlungen des Michelin und 12 F des Feinschmeckers schaffen die nur 17 Köche zwischen Überlingen und Heiligenberg. Fürstlich!

Der Bodensee birgt die Magie der Sehnsucht, der Linzgau den Zauber einer anderen Welt. Zwischen Schlössern und Klöstern, Weinbergen, Streuobstwiesen, lichten Laubwäldern und weiten Fluren hat sich eine leicht hügelige Landschaft geformt, die eine wohltuende Ruhe ausstrahlt. Naturliebhaber wandern von Seefelden aus, entlang der Linz, heute Linzer Aach, die dem Landstrich den Namen gab, durch das Salemer Tal. Am Ende des Tales führt die Aach in ein bergiges Gelände, wo sich der Obere Linzgau vom Bodenseeraum absetzt. Unterhalb der Burgruine Hohenbodman verläuft die Aach durch einen Tobel. Hier herrscht die Stille der Natur. Natürlich!

🖋 Am besten erkunden Sie mit dem Rad die herrlichen Radwege und genießen die Landschaft.

Stolz gleitet der große weiße Vogel über die Felder und Fluren des Salemer Tals. Weit gestreckt spannt er seine Flügel aus und landet in einem Horst inmitten des kleinen Ortes Tüfingen. Sein Begrüßungsgeschnatter beginnt. »Das ist Maxi,« kennt Roland Hilgartner den Storch persönlich. »Maxi ist aus Fribourg zu uns gekommen und hat sich hier verliebt.« Über Maxi weiß der promovierte Biologe und Leiter des Affenberges bei Salem fast alles. Seit Kindesbeinen trägt der Storch einen Sender, er ist Mitglied eines großangelegten Forschungsprogramms.

Es ist schon ungewöhnlich: Man spaziert durch ein fast 20 Hektar großes Waldstück, und darin tummeln sich freilaufend über 200 Berberaffen. Keine trennenden Gitter oder Gräben – der Besucher darf die Tiere mit speziell zubereitetem Popcorn füttern: Der Affenberg bei Salem-Tüfingen ist bekannt für seine drei Berberaffengruppen, die hier in artgerechter Umgebung leben. Roland Hilgartner will die Menschen sensibilisieren: »Wir versuchen hier, auf einem abgeschirmten Gelände eine breite Artenvielfalt zu erhalten.« Den Einwand, die sonst in Marokko freilebenden Berberaffen am See einzusperren, lässt der Biologe nicht gelten: »Unsere Affen fühlen sich hier wohl. In Marokko dagegen geht der Bestand der Tiere drastisch zurück.« Hilgartner hofft, dass Besucher auch zum Nachdenken angeregt werden. »Wir sind hier die Lobbyisten der Berberaffen.«

Dass Roland Hilgartner nicht nur redet, sondern auch handelt, beweist die Zunahme der Storchenpaare. Vor Jahren waren die Vögel ausgestorben. In einem Forschungsprojekt wurden dann Jungstörche auf dem Affenberg herangezogen. Heute leben hier 20 Störche, 18 in den umliegenden Orten. »Das ist ein erfreulicher Erfolg«, bilanziert der Biologe.

Das Forschungsprogramm ist grenzüberschreitend. Auch Maxi hat sich nicht an die Grenze zwischen der Schweiz und Deutschland gehalten. Nach seiner Geschlechtsreife war er auf der Suche nach einem neuen Zuhause. So wächst die Anzahl der Störche rund um Salem – die Einwohnerzahl übrigens auch.

✍ In Salem-Neufrach, Bahnhofstraße 111, kocht im ›Reck's‹ Alexandra Reck regionale Spezialitäten und Sie werden im Sommer in einem herrlichen Obstgarten bedient.

Einst Sitz mächtiger Äbte, eines der bedeutendsten Zisterzienser-klöster Süddeutschlands: Salem. Das Münster gilt als ein Juwel der süddeutschen Hochgotik, als ein Meisterstück, das dem Straßburger Münster gleichkommt. Die Familie des Markgrafen von Baden wohnt heute in dem ehemaligen Kloster, das soll auch so bleiben, obwohl das Land jetzt neuer Schlossherr ist.

Birgit Rückert, Kunsthistorikerin, führt uns die alten Steinstufen hinauf auf den Dachboden des Münsters. Der Dachstuhl ist über 800 Jahre alt, viele Teile sind noch original. Birgit Rückert reicht uns von einem kleinen Stapel eine Dachpfanne: »Handgemacht, vor über 800 Jahren von Mönchen gezogen!« Man sieht Fingerspuren, die dem Regenwasser den Ablauf zeigen sollen.

Der einzelne Mönch lebte in völliger Armut, das machte den Orden reich. Im Kaisersaal gibt es dagegen Bilder mächtiger Kaiser und prunkvoller Päpste des Mittelalters. Sie verliehen den Äbten wirtschaftliche und politische Macht. Die Äbte wohnten feudal. Sie waren zum Teil fleißige Kaufleute und machtbewusste Politiker. Die meisten waren auf dem internationalen Parkett zu Hause. Dank dem dichten Netz aus Zisterzienser-Bruderklöstern in ganz Europa entwickelten sie einen straff geführten Konzern, einen der ersten Global Player.

Spuren des klösterlichen Lebens finden sich in dem ehemaligen Sommerrefektorium. Dort steht ein kunstvoller Kachelofen aus dem Jahre 1733. Auf über 30 Kacheln hat der Maler Rudolf Kuhn die Zisterzienser bei der Arbeit festgehalten. Erinnerungen wie aus einem Fotoalbum aus der Zeit der Salemer Mönche. Beten und arbeiten sollten sie, das war ihre Selbstverpflichtung.

Napoleons Feldzug veränderte Europa. Das Haus Baden bekam als Ausgleich für verlorene Liegenschaften im Elsass das Kloster Salem mit allen Besitztümern. Markgraf Karl Friedrich von Baden nahm 1802 das Kloster in Besitz. Die Mönche mussten es verlassen; seit April 2009 ist es Schloss der Staatlichen Schlösser und Gärten.

𝒸 Regionale Linzgau-Küche bei Linzgau-Koch Andreas Schiele, Salmannsweiler Hof, Salmannsweilerweg 5.

APFELZÜGLE /// HOF-NEUHAUS ///
BEATE UND HANS-DIETER ROTH /// BAMBERGER STRASSE 41 ///
D-88662 ÜBERLINGEN-LIPPERTSREUTE ///
00 49 / 75 51 / 6 24 26 /// WWW.HOF-NEUHAUS.DE ///

Hans-Dieter Roth startet seinen alten Traktor. Fünf Erntewagen hängen an dem grünen John Deere. Die Wagenpritschen liegen tief, darauf stehen je Wagen fünf Erntekörbe. Früher waren die Kisten gefüllt mit frisch geernteten Äpfeln. Heute sitzen darin vergnügte und entspannte Touristen. Hans-Dieter Roth hat den Gästen in seinem ›Apfelzügle‹ eine Fahrt durch das Paradies versprochen; in knapp zwei Stunden will er ihnen gezeigt haben, warum Bodenseeäpfel glückliche Äpfel sind.

›Mehr Paradies geht nicht!‹, behaupten die Linzgauer. Nördlich von Überlingen liegt ein Teil des zweitgrößten Obstanbaugebietes Deutschlands. Hans-Dieter Roth fährt seine Gäste über 150 Hektar Wiesen und Felder. Hier verrät der staatlich geprüfte Obstbauer, warum Linzgau-Äpfel besonders rotwangig sind.

Die Fahrt geht durch die verschiedenen Anbaugebiete und somit auch durch die Jahrhunderte des Obstbaus. Immerhin wurden hier schon vor 5.000 Jahren Äpfel geerntet. Noch heute stehen hier an manchen Stellen alte Mostbirnbäume am Straßenrand oder auf urbanen Streuobstwiesen. Das Bähnle fährt auch durch eine Apfelhochstammanlage, hier wachsen noch Äpfel an fast unverfälschten Naturbäumen. Ganz anders die gezüchteten Spindelbäume. Den Vorteil verstehen die Touristen schnell: Sie können direkt aus ihren Obstkästen einen Apfel vom Stamm pflücken, ohne die berühmte Obstbaumleiter.

Und dann bitte ganz leise: Im ›Controlled-Atmosphere-Center‹ schlafen die Äpfel nämlich. Genauer gesagt: Sie liegen in einem künstlichen Koma. Der Sauerstoffgehalt der Luft wird hier von 21 auf 1,8 Prozent gefahren. »So atmen sie flach, ruhen sanft und leben still«, erklärt Roth die moderne Lagerhaltung.

Nach der Fahrt durch das Paradies hat Beate Roth das Vesper gerichtet. Dafür backt sie nach alter Sitte das Bauernbrot selbst, Wurst und Speck kommen vom Hof nebenan und im Hofladen gibt es landwirtschaftliche Erzeugnisse von den Bauernhöfen, die die Gäste vorher besucht haben. Eine Weisheit gibt Hans-Dieter Roth jedem Gast schon vor der Fahrt zum Besten: »An apple a day keeps the doctor away.«

Ein Bodenseeobstmuseum gibt es in Frickingen in der Kirchstraße 9. www.bodensee-linzgau.de

LANDGASTHOF ZUM ADLER /// VERENA UND PETER VÖGELE ///
HAUPTSTRASSE 44 /// D-88662 ÜBERLINGEN-LIPPERTSREUTE ///
00 49 / 75 53 / 8 25 50 /// WWW.ADLER-LIPPERTSREUTE.DE ///

DIE VÖGELES – ZWEI PERFEKTIONISTEN IN EINEM MÄRCHENHAUS
Gourmet-Tipp: Lippertsreute

Peter Vögele ist Koch in der 13. Generation. Dennoch ist sein Erbe für ihn nicht Pflicht, sondern bedeutet Spaß, Freude und Leidenschaft. Man sieht es ihm an, wenn man ihm in der Küche beim Werkeln zuschaut. Seine Augen glänzen, sein Gesicht strahlt, er ist glücklich bei seinem Tun. Sein ehrgeiziges Ziel: Er will seine Gäste beglücken mit Speisen und Gerichten, die für die Tradition der Linzgauer Küche stehen. Für ihn heißt ›Linzgauer Küche‹ badische Wurzeln und grenzenlose Fantasie.

Man kommt als Liebhaber alter Landgasthöfe gar nicht am ›Landgasthof zum Adler‹ vorbei. Wer im Salemer Tal durch Lippertsreute fährt, muss unwillkürlich vor dem wunderschönen Anwesen mit dem stattlichen Fachwerkhaus anhalten. Die bunte, bäuerlich angelegte Gartenwirtschaft verführt zur Rast; die rustikale, hölzerne Gaststube zur Einkehr. ›Glück gehabt‹, könnte man dem einkehrenden Gast zurufen, denn im ›Landgasthof zum Adler‹ stimmt der äußerlich verführerische Eindruck mit den berauschenden Bildern im Innern des Gasthauses überein.

Hinter der Bilderbuchfassade des alten Fachwerkhauses sorgt das Ehepaar Verena und Peter Vögele dafür, dass sich der Gast in dem Märchen ›verträumter Landgasthof‹ wähnt. Die stets freundliche Wirtin Verena inszeniert in den alten Gasträumen die vollkommene Landgasthof-Kulisse und führt die Regie zum virtuosen Service. Peter Vögele zaubert derweil in seiner Küche Gerichte, die jedem Feinschmecker königlichen Genuss verheißen.

Die Kunst, die Vögele beherrscht, ist perfekt und raffiniert. Der Kerl kocht eigentlich nur, was vermutlich schon seit Jahrzehnten auf den Karten der Linzgauer Landgasthöfe stand. Doch so wie er es heute kocht, scheint jedes Gericht eine neue Kreation zu sein. Vermutlich ist das das Geheimnis seines Erfolgs. Mit Peter Vögele und seiner Frau Verena werkeln in dem alten Fachwerkhaus in Lippertsreute zwei Perfektionisten am Happy End des Märchens: ›Landgasthof zum Adler‹.

Die Fahrt nach Lippertsreute lohnt sich für Feinschmecker immer, denn neben dem ›Adler‹ kocht Markus Keller im ›Landgasthof Keller‹ ebenfalls feinste regionale Küche.

›EIN SCHÖNES PARADIES.
ZUM KOTZEN SCHÖN.‹

2000 Jahre Kunst und Künstler am Bodensee

Gehört das noch dazu? Die Mosaiken, Skulpturen und Gläser der römischen Kultur, die in Bregenz und Konstanz bewahrt werden? Das Museumsgut der Alemannen, die sich um 300 am See ansiedelten? Oder das Erbe der bienenfleißigen Mönche? Sie errichteten Klöster, bauten Schulen, pflegten Kranke, legten Gärten an … Was die St. Galler Mönche mit ihren wunderbar illuminierten Pergamenthandschriften, die Reichenauer mit dem St. Galler Klosterplan und den Kirchenbauten auf der Insel schufen, setzte europäische Maßstäbe. Und auch der 1089 geweihte Münsterneubau in Konstanz galt als die bedeutendste romanische Kirche im deutschen Südwesten. Aber: Ist das Kunst am Bodensee?

Im 12. und 13. Jahrhundert, zur Zeit der Staufer, entstanden am See die meisten Burgen und Städte, es blühte der Minnesang, Rudolf von Ems (1200–1260), der berühmteste Dichter Vorarlbergs, schrieb seine ›Weltchronik‹. Aber damit war die Entwicklung noch längst nicht abgeschlossen. Die reichen Städte Konstanz, Überlingen, Ravensburg bauten bald ihre spätgotischen Stadtkirchen und holten Künstler an den See. Man ließ von ihnen die Rat- und Zunfthäuser mit florentinischen Rustika-Fassaden dekorieren, Altäre der Kirchen schnitzen und malen … Und noch einmal, im 17. und 18. Jahrhundert, erlebte der Bodenseeraum eine Blüte. Es entstand regionale Architektur, die internationalen Ansprüchen entsprach. Sie ist mit Namen wie dem des Barockbaumeisters Franz Beer von Bleichten (1660–1726) und des Deutschritters Johann Caspar Bagnato (1696–1757) verbunden sowie mit dem des in Mimmenhausen begrabenen Bildhauers und Stuckateurs Joseph Anton Feuchtmayer (1696–1770).

Gehört das alles heute noch dazu? Aber ja: Wer sich auf Spurensuche der Kultur am Dreiländersee begibt, der wird sich ihrer Geschichte kaum entziehen können. Entweder er begegnet ihr auf Schritt und Tritt leibhaftig vor Ort oder aber in einem der 200 Museen rund um den See.

Allein 100 Häuser davon widmen sich der Kunst, der der alten, aber auch der Meister der Moderne. Es gibt darunter Institutionen, die selbst den Vergleich mit den berühmtesten Kathedralen der Kunst nicht zu scheuen brauchen. Die Sammlung des Kunstmuseums Winterthur etwa zählt dazu. Sie entstand vor über 100 Jahren durch das

Engagement von kunstbegeisterten Privatpersonen und wird bis heute dadurch getragen. Ein Kunstspaziergang entlang der Sammlung erhellt mit geradezu beiläufiger Selbstverständlichkeit die Entwicklung vom Impressionismus über Kubismus, Abstraktion, Konstruktivismus, Surrealismus und der Nachkriegskunst bis hin zur neuesten internationalen Gegenwartskunst.

Erwähnenswert an dieser Stelle ist auch das Engagement des Konstanzer Bankiers Wilhelm Brandes. Er hinterließ nach seinem Tod im Jahre 1907 der Stadt eine Kunstsammlung von enormem Wert, die nicht nur durch ihre Fülle beeindruckt, sondern auch durch die Qualität. Im Laufe seiner Sammlertätigkeit erwarb Brandes etwa 450 Werke von deutschen, niederländischen, italienischen und französischen Künstlern vom 15. bis zum 20. Jahrhundert, darunter sind Namen wie Rembrandt, Jan Brueghel, Rubens, Tiepolo und Dürer. Bis heute stellt die Brandes-Sammlung einen wichtigen Teil des Bestandes dar.

Eine Schule des Sehens, diese Sammlung, aber kein Spiegel der Bodenseekunst. Wobei die Experten darüber streiten, ob es überhaupt eine spezifische Bodenseekunst gibt. Richtig ist, dass sich weder ein seetypischer Stil noch eine impulsgebende Bodensee-Schule in der jüngeren Vergangenheit gebildet hat. ›Den einzigen verlässlichen Bezugspunkt stellt die Landschaft dar, die entweder als Motiv Eingang in die Kunst findet oder sich aber, stilistisch transformiert, im Werk niederschlägt‹ (Anna Langenkamp/Barbara Stark). Der Blick in die Geschichte bestätigt diese Ansicht.

Zwar kennt schon die mittelalterliche Reichenauer Buchmalerei Darstellungen des ›gewaltigen Meeres‹ (Walahfrid Strabo), aber bildwürdig im eigentlichen Sinn wurden das blaue Wasser des Bodensees, das Grün der sanft geschwungenen Ufer und Hügel, das Weiß der nahen schneebedeckten Alpen erst im 19. Jahrhundert. Es waren reisende Künstler, die die weitab der großen Zentren liegende Gegend aufsuchten – Gustav Schwab (1792–1850) spricht vom ›stillen Genügen am Rande‹ – und diese malerisch eroberten. Der große William Turner (1775–1851) gehörte zu diesen Malern, die den wenigen einheimischen Künstlern Gesellschaft leisteten. Von ihm sind einige romantische Bodenseeaquarelle erhalten. Auf der Suche nach einer erhabenen Szenerie wurde er am Rheinfall bei Schaffhausen fündig, den er 1806 in einem spektakulären Gemälde verewigte. Jahrzehnte später weilte auch Egon Schiele (1890–1918) in Bregenz – und hinterließ ein hübsches Werk.

Auch der Expressionist Ernst Ludwig Kirchner sah den See – von Kreuzlingen aus – und selbst Henry Clement van de Velde (1863–1957), der bekannte Architekt, wurde am Schweizer Ufer des Obersees gesichtet …

Die ›Künstlerlandschaft‹ am Bodensee, wie sie sich auch an der Wende vom 19. zum 20. Jahrhundert zeigte, war auf diesen ›kulturellen Wanderungsgewinn‹ (Manfred Bosch) zurückzuführen – ohne meisterhafte ›Eigengewächse‹ wie den Thurgauer Autodidakten Adolf Dietrich (1877–1957) herabsetzen zu wollen. War es die Schönheit der Landschaft, später der Überdruss an den lauten und teuren Metropolen, die Zivilisationsflüchtlinge wie Walter Waentig (1881–1962) von einem alternativen Leben auf dem Lande träumen ließen, so war es in den 1930er- und 1940er-Jahren die menschenverachtende Politik der braunen Machthaber, die viele deutsche Künstler an den See zog. Otto Dix (1891–1969) ist unter den inneren Emigranten der prominenteste. Nach einem ersten Aufenthalt in Randegg im Hegau bezog der als ›entartet‹ gescholtene Künstler 1936 ein Atelierhaus auf der Höri am Untersee. Auch wenn der Stadtmensch eher unter der Landschaft litt (›Ein schönes Paradies. Zum Kotzen schön …‹), blieb er ihr bis zu seinem Tod verbunden. Anders als etwa der Verfechter der ›absoluten Malerei‹ Max Ackermann (1887–1975) der sich nach dem Krieg nach Stuttgart hin zurückorientierte oder der Matisseschüler Hans Purrmann (1880–1966), der sich in Langenargen niedergelassen hatte, und der in Hagnau am Obersee untergekommene Julius Bissier (1893–1965): Sie zog es in Richtung Tessin.

Eine traurige Wahrheit ist, dass es in den Künstlerkreisen am See keinen nennenswerten Widerstand gegen die Gleichschaltung gab, die nicht nur die Kunst, sondern alle Lebensformen erfasste. Auch gegen die Verfolgung von Gegnern des Nazi-Regimes gab es kaum Widerstand. Otto Marquard, 1936 mit Mal- und Ausstellungsverbot belegt, war einer der wenigen, der in Allensbach Flüchtlinge aufnahm und ihnen den Grenzübertritt in die Schweiz ermöglichte. Säuberungsaktionen der Sammlungs-Bestände fanden gleich zweimal in der Wessenberg-Gemäldegalerie statt und auch eine Konstanzer Ortsgruppe des ›Kampfbundes für deutsche Kultur‹ wurde unmittelbar nach der Machtergreifung durch die Nazis aktiv.

Obwohl die Höri im 20. Jahrhundert eine große Zahl von Künstlern sah – 1944 floh auch der ›Brücke‹-Maler Erich Heckel vor den Schrecken des Kriegs an den Untersee –, ergab sich keine Künstlerkolonie. Sie wurde aber auch nicht angestrebt. ›Man soll ja kein Worpswede aus der Gegend machen‹, warnte Ferdinand Macketanz (1902–1970) und begründete diese Reserviertheit mit dem Einzelgängertum der Künstler. Diese Haltung lebte auch in der Nachkriegszeit weiter, die die Emigranten mit zwei viel beachteten Ausstellungen in Überlingen (1945) und Konstanz (1946) über frühe und im Dritten Reich verbotene Avantgardeströmungen einläuteten. Ein auch künstlerischer Befreiungsschlag, dem man vor allem dem Organisationsgenie des ehemaligen Düsseldorfer Akademiedirektors Walter Kaesbach (1879–1961) verdankte. Zwar gründeten sich bis in die 1970er-Jahre hinein immer wieder neue Initiativen und Künstlergemeinschaften am See, wie der ›Internationale Bodensee-Club‹ (IBC) oder die ›Sezession Oberschwaben-Bodensee‹ (SOB) –, doch sie führten zu keiner nachhaltigen Gruppenbildung. Ihre Aufgabe war es vielmehr, Ausstellungen zu organisieren, den Künstlern eine Stimme zu verleihen, aber auch Netzwerke in die fernen Metropolen zu spannen.

Letzteres ist zu Beginn des 21. Jahrhunderts kein Thema mehr für die Künstler, die heute in einer nahezu unüberschaubaren Anzahl am See tätig sind, aber sich nur noch in einer verschwindend geringen Zahl um die Landschaft als Bildmotiv scheren, wie zuletzt zwei große Ausstellungen in Konstanz (›See-Blicke. Deutsche Künstler am Bodensee im 20. Jahrhundert‹, 1998) und nochmals in der Konzilstadt sowie in Singen und im Kunstmuseum des Kantons Thurgau gezeigt haben (›Blick und Bild. Fotografie am Bodensee von 1920 bis heute‹, 2002). Der Anschluss an die Welt ist sowohl der Wirtschafts- als auch der Kulturregion Bodensee, die sich gerne als ›Euregio‹ feiern lässt, längst (wieder) gelungen. In Friedrichshafen gastieren die gleichen Künstler wie in Hamburg. Der Schweizer Architekt und Pritzker-Preisträger Peter Zumthor baut in Bregenz und in Köln. Beim ›Kunst am Bau‹-Projekt der Universität Konstanz – mit 55 Kunstwerken – waren ebenso internationale Künstler beteiligt, wie bei der Singener Kunstinitiative ›Hier Da Und Dort‹ im Jahr 2000. Eine angekaufte Lichtinstallation des US-Amerikaners Joseph Koshut ziert noch heute unübersehbar das Rathaus der Hegaumetropole. Wen interessiert es noch, dass die Hallesche Kunstprofessorin Andrea Zaumseil in Überlingen geboren ist; dass der Wahlberliner Markus Daum in Radolfzell sein Atelier hat oder die Documenta-Künstlerin Christa Näher aus Lindau stammt? ›Provinz ist überall und nirgends. Nur am See sieht sie schöner aus‹ (Eva Moser) – wer wollte dem widersprechen? *Siegmund Kopitzki*

TOURIST-INFORMATION /// BAHNHOFPLATZ 1 /// D-78315 RADOLFZELL /// 00 49 / 77 32 / 8 15 00 /// WWW.RADOLFZELL.DE ///

SEHEN UND GESEHEN WERDEN
IN DER SEE(H)STRASSE
Radolfzell

50

Feinripp mit Eingriff – für die Soldaten der Preußischen Armee zählte die legendäre Unterhose aus Radolfzell zu einem wesentlichen Bestandteil der Uniform. Auf der Weltausstellung 1901 in Paris bekam die Firma Schiesser für ihre Unterwäschekollektion mehrere Preise. Heute erinnert nur noch das Schiesser-Areal an die einst glorreichen Zeiten. Radolfzell macht heute als Kulturstadt am See von sich reden.

Peter Harter hatte viele Jahre eine eigene Bäckerei in der Seestraße, doch seine wahre Leidenschaft war die Kunst. Er und seine Mitstreiter wollten die Innenstadt beleben, und zwar nicht mit den Fahnen aus aller Herren Länder. Schließlich kam die Idee aus dem damaligen Kulturamt: ›Nehmt doch Bilder statt Fahnen!‹

Es wurde beraten, Sponsoren gesucht und ausgeschrieben. Die ersten 32 Bilder wählte eine Jury aus. Diese wurden gerahmt und auf Platten mit den Maßen 1,50 mal 2 Meter aufgehängt, was zeitaufwändig und teuer war. Doch seit dem Sommer 1998 hängen von Mai bis Oktober Kunstwerke im Zentrum. Wie lange noch? Peter Harter: »Das ist jedes Jahr ein Betteln und Sammeln.« Um die größte Open-Air-Galerie wäre es schade.

Wer noch nicht genug Bilder betrachtet hat, besucht anschließend die Villa Bosch. Das Haus ist sehenswert, ebenso die wechselnden Ausstellungen. Der Apotheker Franz Karl Josef Bosch erbaute es 1865. 1881 vermachte die Witwe, Maria Theresia Bosch, ihren gesamten Nachlass einschließlich der Villa Bosch in der Scheffelstraße der Stadt.

Und abends lockt das ›Orpheus‹. Neben dem Radolfzeller Münster geht es tief in den Keller des Gasthofs Krone. Hier hat die Jazzfreundin Claudia Antes-Barisch einen Weinkeller eröffnet: ein soziokulturelles Zentrum mit Lesungen, Film, Kabarett und eben Jazz. Die Besucher sind wohl alle der legendären Feinripp-Unterhose entwachsen …

🖋 Traditionell feiert die Stadt alljährlich im Juli das Hausherrenfest zu Ehren ihrer Stadtpatrone. Die Mooser Wasserprozession bildet einen der Höhepunkte des mehrtägigen Festes.

TOURIST-INFORMATION /// BAHNHOFPLATZ 1 ///
D-78315 RADOLFZELL /// 00 49 / 77 32 / 8 15 00 ///
WWW.RADOLFZELL.DE ///

EIN GANG DURCH DAS SCHILF
Radolfzell – Mettnau

51

Bekannt geworden ist die Mettnau vor allem durch zwei Dinge: zum einen durch das Naturschutzgebiet, zum anderen durch die Mettnau-Kur. Zahlreiche Prominente erholen sich hier von Stress und Leistungsdruck. Aber auch Zugvögel auf ihrer Route in den Süden tanken hier neue Kraft.

Ein einmaliger Weg – zumal noch erlaubt – führt durch das Schilf und den typischen Bodenseeuferbereich, vorbei an Seeweidegeäst und Seegestrüpp bis ganz nach vorne an die Spitze der Halbinsel Mettnau. »Allerdings«, mahnt Linda Hertwig vom NABU Radolfzell, »nur vom 1. November bis 15. März.« Denn dann beginnt die Brutzeit der Vögel.

Das Naturschutzzentrum des NABU liegt ideal auf der Bodenseehalbinsel am Rande von Radolfzell. In einem der ältesten Naturschutzgebiete Deutschlands schweift der Blick des Besuchers über 20 Kilometer geschütztes Bodenseeufer, an dem viele Vogelarten brüten. Hier finden sich die letzten Auwälder des Untersees. Enziane, grazile Orchideen und das Blütenmeer der Schwertlilien ziehen Naturfreunde in ihren Bann. Das NABU-Zentrum betreut den Lebensraumverbund ›Westlicher Untersee‹ mit zahlreichen Naturschutzgebieten. Zwischen Markelfingen und der Halbinsel Mettnau gibt es einen Informationspfad, den man am Parkplatz Mettnau-Südbrücke erreicht.

Lucia Bruttel findet ihren ›Karibik-Strand‹ auf der Mettnau. Die Radolfzellerin radelt im Sommer, wann immer sie Zeit hat, zum Strandbad: »Sun-downer in der Karibik«, wirbt die Leiterin des Fremdenverkehrsvereins, »das können Sie auch bei uns im Strandbad auf der Mettnau haben.«

Der weitläufige Park, die Ruhe der Sanatorien und der Kuranlagen haben die ursprüngliche Landschaft bestens erhalten. Mitten im Mettnau-Park steht übrigens auch das Scheffel-Schlösschen, das der Dichter Joseph Victor von Scheffel von 1876 bis 1886 bewohnte. Jedes Jahr wird sein Roman ›Ekkehard‹ auf dem Marktplatz in Radolfzell aufgeführt.

✍ Hannelore Honold kocht lecker und bewusst in der Mettnaustube, Strandbadstraße 23.

BUND MÖGGINGEN /// KAI-STEFFEN FRANK ///
MÜHLBACHSTRASSE 2 /// D-78315 RADOLFZELL-MÖGGINGEN ///
00 49 / 77 32 / 15 07 16 /// WWW.BUND-BAWUE.DE ///

GOTTESFRIEDEN
Radolfzell – Mindelsee

52

Der Mindelsee hat noch den Duft von Unberührtheit. Rehe grasen an seinem Ufer, Fische und Vögel werden kaum gestört. Und es wird auch so bleiben. Denn er ist an drei Seiten von einem Moorgürtel umrandet, mit Schilf- und Pflanzenwuchs. Auch ein Dorf liegt dort, und ›man müsste es Gottesfrieden taufen, wenn es nicht Möggingen hieße.‹ Der Hegaudichter Ludwig Finckh hat diese Zeilen in den 1950ern geschrieben, noch heute sind sie aktuell.

Von der Villula Mechinga, von einer Klause und dem späterem Franziskanerkloster, von dem Castrum Möggingen, dem stattlichen Wasserschloss der Herren von Homburg und von Bodman, von der Pfarrkirche Sankt Gallus, von der Gruftkapelle und vom Mindelsee mit seinen Welsen – gäbe es gar viel zu erzählen, doch wer heute Möggingen als Zielort ausgesucht hat, will meist nur seine Ruhe. Der kleine Ort mit seinem ebenso kleinen See lockt Naturliebhaber auf den Bodanrück zwischen die beiden Finger des Bodensees, dem Überlinger- und dem Untersee. Der Mindelsee wurde vom Bodensee geschaffen, er ist ein Rest des großen Sees. Das ist auch die Erklärung für seinen Namen: Die Menschen am See sagen zu einem Knaus am Brotlaib, also einem kleinen Teigteil am frischen Laib, ›Mindel‹.

Für Naturfreunde hat der kleine See eine große Geschichte. Kai-Steffen Frank sitzt im BUND-Zentrum in Möggingen. Er betreut heute das 459 Hektar große Naturschutzgebiet. Eine malerische Wiesenlandschaft, bunte Weiden, Äcker, artenreiche Wälder und Streuobstgebiete rahmen den gut zwei Kilometer langen und über 100 Hektar großen See ein. Die Feuchtwiesen rund um den Mindelsee sind dank der Pflege von Landwirten, Schäfern und des BUND zu Paradiesen für nahezu 700 Blütenpflanzenarten wie Orchideen und Enzianen geworden. In kaum einem Schutzgebiet des Landes Baden-Württemberg gibt es mehr Libellen-, Käfer- und Schmetterlingsarten, nirgends am Bodensee mehr Brutvogelarten als hier. Kai-Steffen Frank führt die Gruppen nach Voranmeldung durch den Duft voller Unberührtheit.

☞ Der Demeter-Betrieb Helmut Müller in Kaltbrunn in der Markelfinger Straße 12, Telefon 07 53 35 / 7 29, lädt zu Hofbesichtigungen und als Heuhotel auch ins Heu ein.

KULTUR- UND VERKEHRSBÜRO ALLENSBACH /// IM BAHNHOF ///
KONSTANZERSTRASSE 12 /// D-78476 ALLENSBACH ///
00 43 / 75 33 / 8 01 34 /// WWW.ALLENSBACH.DE ///

Allensbach ist für viele von besonderer Bedeutung. Politiker aus ganz Deutschland pilgern in Scharen zum Institut für Demoskopie und lassen sich hier ihre Wahlchancen berechnen. Andere kommen jährlich von noch weiter her. Zugvögel aus nordeurasischen Gebieten fliegen Allensbach an, es liegt an ihrer transkontinentalen Zugroute.

Der Gnadensee liegt zwischen Allensbach und der Insel Reichenau. Ein großer Teil seiner Fläche und das angrenzende Ufer gehören zum Naturschutzgebiet Wollmatinger Ried. Es ist mit über 767 Hektar das größte Naturschutzgebiet am westlichen Bodensee. Die Schutzwürdigkeit des Feuchtgebiets wurde schon 1930 gesichert, seit 1973 ist es als Europareservat eingestuft, seit 1976 als Feuchtgebiet von internationaler Bedeutung. Ansonsten gilt es als ›Important Bird Area‹: Um die 300 Vogelarten können hier beobachtet werden, allerdings streckenweise nur im Rahmen einer Führung. Außerdem sind im Wollmatinger Ried zahlreiche seltene Pflanzenarten zu finden.

Kulturfreunde schätzen an Allensbach die Seebühne. Die Seegartenkonzerte sind weit über die Grenzen Allensbachs hinaus populär. Auf der Seebühne direkt am Ufer des Untersees lockt jährlich ein besonderes Programm: ›umsonst & draußen‹ bietet eine breite Palette von Klassik über Jazz bis Theater. Jazz am See hat dem kleinen Ort längst einen großen Ruf beschert. Sabine Schürnbrand holt Musikergrößen nach Allensbach, die man in Konstanz kaum vermutet.

Eine Fähre verbindet Allensbach mit der Reichenau. Der Insel verdankt der Gnadensee seinen Namen: Die Klosterinsel galt als heilig. Darauf wurden zwar Todesurteile gefällt, vollstreckt werden durften sie jedoch nicht. Nach der Urteilsverkündung wurde deshalb der zum Tode Verurteilte mit dem Schiff nach Allensbach gebracht; dort stand im Mittelalter der Galgen der Abtei. Wollte der Abt aber den Sünder begnadigen, läutete während der Überfahrt ein Glöcklein im Reichenauer Münsterturm. Seither, so die Legende, heißt der Teil des Untersees zwischen der Insel Reichenau und Allensbach Gnadensee.

✍ Der Zug ›Seehas‹ dient als ideale Verbindung des öffentlichen Nahverkehrs, er pendelt in regelmäßigen Abständen zwischen Singen und Konstanz.

TOURIST-INFORMATION /// PIRMINSTRASSE 145 ///
D-78479 REICHENAU /// 00 49 / 75 34 / 9 20 70 ///
WWW.REICHENAU.DE ///

EINE INSEL GESCHAFFEN VON MÖNCHEN
Reichenau

54

»Ich war schon immer von der Insel fasziniert, aber wenn ich zu Besuch hier war, spürte ich, dass etwas fehlte«, sagt Pater Daniel und fährt mit seinem Wagen über die Insel Reichenau. »Es fehlten die Mönche«, konstatiert der Inselpfarrer heute selbstbewusst und lacht: »Und jetzt sind wir hier!«

Seit 2001 leben sie wieder auf der Reichenau, Mönche des Benediktinerordens. 200 Jahre waren sie von der Insel vertrieben. Dabei legten sie vor über 1000 Jahren den Grundstein für ein Kloster, das lange zur Elite des Kaiserreichs gehörte. Die Insel gilt als ›Wiege der abendländischen Kultur‹. Deshalb zählt sie zum UNESCO-Weltkulturerbe.

25 Kirchen standen einmal auf der Insel, heute sind es noch drei: In Mittelzell das gewaltige Münster, in Niederzell die Barockkirche Peter und Paul und in Oberzell St. Georg, romanisch und unverändert seit 888! Inmitten des Ortes die Ergat, eine große, freigehaltene Wiese. Darauf die alte Gerichtslinde. Hier wurde Recht gesprochen, aber niemals ein zum Tode verurteilter Mensch gehängt, denn die Insel galt als heilig, Blut sollte auf ihr nicht fließen.

Im 19. Jahrhundert wurde die Insel Reichenau mittels eines Damms mit dem Festland verbunden. Eine einzigartige Pappelallee schützt die Aufschüttungen. Die Allee ist heute das Ende der Deutschen Alleenstraße. Die Insel selbst hat sich in erster Linie zu einem Gemüselieferanten entwickelt. Manche verspotten die Reichenau deshalb als Salatinsel – ›auch eine Kultur‹, kontern die Reichenauer selbstbewusst.

»Mir sind als Insulaner scho bsondere Lit«, weiß der Reichenauer Kulturamtsleiter Karl Wehrle und schafft drei Tage weniger im Jahr als alle anderen Arbeitnehmer in Deutschland. Denn die Reichenauer pflegen seit Jahrhunderten ihre drei inseleigenen Feiertage – auch heute noch. Karl Wehrle ist auf diese Tradition stolz und fragt rein rhetorisch: »Wo gibt's denn das noch?«

⌲   Der Besuch des neuen Museums in Mittelzell versetzt den Besucher in die ›goldene Zeit‹ der Insel. Ein romantischer Inselrundweg bietet im Westen herrliche Aussichten auf die Höri und die Hegau-Berge.

55

MIT SONNENKRAFT ÜBER DEN SEE
Reichenau – Solarfähre

Der Bodensee ist reich an Pionieren. Abgesehen von dem Luftschiff des Grafen Zeppelin versuchten sich auf dem See auch die ersten Dampfschifffahrer, mit Gottlieb Daimler die ersten Motorschiffkapitäne. Der wohl jüngste Pionier der Schifffahrt auf dem See heißt Joachim Kopf. Er entwickelte die erste Solarfähre, die heute zwischen der Reichenau und Mannenbach fährt.

Es ist der zukunftsträchtigste Antrieb für ein Freizeitboot. Thomas Geiger ist schon mit allen möglichen Booten über den Bodensee gekreuzt, sogar mit großen Segelschiffen über das Meer. Doch jetzt ist für den leidenschaftlichen Segler ›Helio‹ sein eindeutiger Favorit. »Ich will zurzeit auf dem Wasser mit nichts anderem mehr fahren«, beteuert der Kapitän der Reichenauer Solarfähre RA 33, »es gibt kein Schiff, das es dem Kapitän leichter macht, leiser ist, nicht stinkt und nicht betankt werden muss.«

Auch für die Gäste ist es ein sichtliches Vergnügen, auf dem Deck zu sitzen. Schnell sind sie im Gespräch und löchern Thomas Geiger mit Fragen zu den technischen Details: Der Solargenerator ist auf dem Dach, erzeugt Strom und spendet Schatten. Schon das Design weckt Neugierde: Länge 10,30 m, Breite 2,95 m, Personenzahl 11, Dienstgeschwindigkeit: ca. 8 km/h, max. Geschwindigkeit: ca. 13 km/h, Reichweite 90 km bei Nacht. Thomas Geiger ist im Winter rund um die Reichenau für den guten Ton zuständig. Er ist Klavierstimmer. Im Sommer sorgt er für gute Laune auf seiner Fähre.

Auf dem Bodensee kreuzen außer der Solarfähre der Reichenau noch vier weitere Solarboote. Sie müssen allerdings zuvor gechartert werden. Alle diese Boote wurden von Joachim Kopf und seiner Solarschiff GmbH in Sulz entwickelt und gebaut. Der junge Ingenieur begann am Bodensee mit einer Entwicklung, die ihn heute weltweit als einen der wenigen Fachmänner für Solarboote auszeichnet. Joachim Kopf weiß sehr wohl, auch Gottlieb Daimler begann mit kleinen Booten auf dem Bodensee …

Fahren Sie mit dem Fahrrad von Konstanz auf die Reichenau, dort steigen Sie mit Ihrem Rad auf das Solarboot und zurück geht es auf der Schweizer Seite von Mannenbach nach Kreuzlingen.

**TOURISMUS UNTERSEE E. V. /// IM KOHLGARTEN 2 ///
D-78343 GAIENHOFEN /// 00 49 / 77 35 / 91 90 55 ///
WWW.TOURISMUS-UNTERSEE.DE ///**

WO KÜNSTLER INSPIRATION
UND RUHE FANDEN
Gaienhofen

56

Hermann Hesse zählt zu den wahren Pionieren der Bodenseefreunde. Der in Calw geborene Schriftsteller kam schon 1904, mit erst 24 Jahren, zunächst als Tourist, dann als Neubürger an den See. Nach der braunen Machtübernahme 1933 folgten ihm viele andere Künstler: Otto Dix und Max Ackermann zählen zu den bekanntesten. Sie alle haben auf der Höri ihre Spuren hinterlassen.

Hermann Hesse ließ sich als erster Künstler einer Kolonie auf der Höri nieder. Nach seinem ersten Erfolg mit dem Roman ›Peter Camenzind‹ suchte er das einfache Leben am See. Acht Jahre wohnte er in einem alten Bauernhaus in Gaienhofen zur Miete. Genau in diesem Bauernhaus ist heute das Hermann-Hesse-Höri-Museum untergebracht. Das erste Obergeschoss ist ihm gewidmet: Seine Schreibmaschine, Utensilien und Souvenirs von seinen Reisen sind hier ausgestellt. Ebenfalls in Gaienhofen steht das Hermann-Hesse-Haus. Dieses Haus hatte er sich nach den ersten acht Jahren auf der Höri zusammen mit seiner Frau gebaut. Es steht in der Kapellenstraße 8, zeigt das Alltagsleben der Familie Hesse und kann auf Voranmeldung besichtigt werden.

Nicht weit entfernt von Gaienhofen liegt Hemmenhofen, ebenfalls direkt am See. Hierher zog es Otto Dix 1933 nach seiner Entlassung als Professor in Dresden. Der Dresdner Architekt Arno Schleicher entwarf 1936 Dix' dortiges Haus. Am Westrand von Hemmenhofen gelegen ist es mit seiner Hauptachse nach Süden orientiert, sodass der Blick über den See und das gegenüberliegende Ufer schweifen kann. Hier lebte Dix bis zu seinem Tod. Haus und Gartengrundstück sind für Besichtigungen geöffnet.

Auch nach dem Krieg zog die Höri Künstler an. Erich Heckel bezog in Hemmenhofen sein eigenes Haus. Und noch heute meinen Künstler – und solche, die sich dafür halten –, an den magischen Orten arbeiten zu müssen. Wer heute hierher kommt, findet mehr Ateliers als auf jedem anderen Fleck des Bodensees.

Vom Rathaus Gaienhofen entlang der Kunstroute des Untersees blicken Sie durch die aufgestellten Rahmen in die Landschaft und sehen parallel des Künstlers Blick und Werk.

DIE NEIDHART-BRÜDER IM KOCHDUELL

Gourmet-Tipp: Moos

Die beiden sind zwei Originale, sie sind aus einem Holz geschnitzt und doch bieten sie ihren Gästen zwei ganz unterschiedliche Speisekarten. Hubert Neidhart, Koch im ›Grünen Baum‹, nimmt fast ausschließlich, was die Region bietet, und dazu das, was er bei den Bauern bekommt. Sein älterer Bruder Klaus Neidhart, Koch im ›Haus Gottfried‹, bearbeitet die Seeprodukte auf internationalem, gehobenem Niveau mit Zutaten aus den exotischsten Ländern.

Ihre Küchen trennt heute, geografisch gesehen, der gemeinsame Parkplatz. Groß geworden aber sind sie in nur einer Küche, beim Vater Gottfried im ›Grünen Baum‹. Er muss seinen beiden Söhnen schon früh die Ehrfurcht und den Respekt vor natürlichen Lebensmitteln eingebläut haben. Und für die Feinschmecker der Region hat er glücklicherweise seine Sprösslinge in eine Kochlehre geschickt. Seither stehen sich die beiden Brüder in einem täglichen ›Kochduell‹ gegenüber. Hubert im elterlichen Traditionshaus, Klaus im nur wenige Meter hinter dem Dorfgasthaus neu gebauten ›Haus Gottfried‹.

Beide haben ihren heutigen Ruhm den Fischen des Bodensees zu verdanken. Hubert sucht dafür meist alte Rezepte, erforscht, wie früher die Menschen auf der Höri die Seefrüchte zu Genüssen verarbeiteten und verwendet dafür ausschließlich Zutaten, die auf der Höri wachsen. Er kennt Bauern, die ihm das Gemüse biologisch züchten und ihre Tiere artgerecht halten: »Ich koche bodenständig, regional!«

Klaus Neidhart ist der renommierte Gourmetkoch. Er serviert sterneverdächtige Gerichte auf höchstem Niveau. Dafür greift er auch in das Repertoire der exotischen Gewürzschatullen und kreiert Speisen, die den Seegenüssen einen internationalen Touch verleihen: »Ich mache eine modifizierte Bodensee-Küche, weltoffen und von frischen Grundprodukten inspiriert.«

Auf den ersten Blick könnte man glauben, die beiden Brüder sind heute ernsthafte Konkurrenten. Doch die beiden lachen: »Wir sehen das ganz sportlich.«

✍ Die Gebrüder Neidhart bieten Bodenseeliebhabern einen ganz besonderen Schmaus: Sie haben sich eine Solarfähre gekauft, und servieren darauf während der Rundfahrten die leckersten Gerichte.

TOURIST-INFORMATION /// KLOSTERPLATZ 1 ///
D-78337 ÖHNINGEN /// 00 49 / 77 35 / 8 19 20 ///
WWW.OEHNINGEN.DE ///

Idyllisch, ländlich, malerisch ... die Adjektive gehen dem Besucher nicht aus. Der Schiener Berg hat trotz des Tourismus am See seine Ruhe für sich bewahrt. Sein Bergrücken schiebt sich mit gerade mal 708 Höhenmetern sanft über die Höri in den Untersee. Man kann ihn leicht erwandern, mit dem Fahrrad bezwingen oder direkt mit dem Auto hinauffahren.

Die K 6156 endet plötzlich. Selten kommt ein Wagen vorbei, das einzige Ziel am Ende der Straße ist das Waldheim. Dieses Gäste- und Kurhaus ist aber längst in privatem Besitz. Doch vom Ende der Kreisstraße führen Wanderwege weiter. Jetzt wird klar, dass man in einer Sackgasse gelandet ist: Denn wer weitergeht, steht auf Schweizer Grund.

Überhaupt ist in dieser Ecke der Grenzverlauf nicht immer eindeutig. Manchmal ist der Weg die Grenze. Dann kann es passieren, dass man mit dem einen Fuß in der Schweiz spazieren geht, während der andere in Deutschland wandert.

Karin Wörner von der Tourist-Information in Öhningen warnt: »Sie dürfen die Grenze nur passieren, wo Hinweisschilder dies ausdrücklich erlauben!« Bernd Stüben dagegen, der heutige Besitzer des Waldheims winkt ab: »Gehen Sie ruhig weiter, die Schweizer freuen sich über jeden Euro«, lacht er und schickt müde Wanderer über die grüne Grenze in das schweizerische Oberwald, »dort gibt es eine richtig gute Vesperstube.«

Der 600-Seelen-Ort Schienen selbst blickt auf eine lange Geschichte zurück. Im Jahre 860 lebten hier 32 Mönche. Eine wertvolle Wallfahrtsmadonna soll hier viele Wunder bewirkt haben. Während der Reformationszeit wurde sie in eine andere Kapelle verlegt, doch am nächsten Morgen stand sie wieder an ihrem alten Platz. Dieses ›Wunder der Rückkehr‹ feiern die Schiener noch heute. 1981 hatte sich der Vorgang wiederholt: Über Nacht war die wertvolle Madonna weg, aber die Polizei stellte die Figur in Stuttgart sicher.

✍ Wanderweg Öhningen über Schienen, das Waldheim, den Schweizer Oberhof und dann über Stein am Rhein am See entlang wieder zurück nach Öhningen.

EINE EX- UND EINE ENKLAVE
Büsingen

58

Ziemlich verwirrend. Wir sind in Deutschland – nicht mitten drin, aber immerhin: Es ist Deutschland – auch wenn Deutschland hier in der Schweiz liegt. Das ist einzigartig. Gunnar Lang ist der Bürgermeister von Büsingen. Einem Ort mit gerade mal 1.500 Einwohnern und eigenem Nummernschild. Eine kuriose und exklusive Liegenschaft.

Büsingen ist Deutschlands einzige Exklave. Aus Schweizer Sicht eine Enklave. Kompliziert. Das deutsche Büsingen liegt am Rhein. Dicht am Bodensee und einen Steinwurf von Schaffhausen weg. Wenn ein Büsinger baut, heiratet oder stiehlt, gelten deutsche Gesetze. Wenn ein Büsinger Drogen nimmt oder stirbt, gelten schweizerische Gesetze.

Vor Gunnar Langs Rathaus stehen die berühmtesten zeitgenössischen Skulpturen am Ort, sie verkünden das Büsinger Prinzip: zwei Telefonzellen, zwei Vorwahlen, zwei Postleitzahlen. Die eine gehört der Schweizer PTT, die andere der Deutschen Telekom.

Und noch ein Grund für Touristen, Büsingen zu besuchen: »Wir haben Schweizer Steuern hier, darum sind wir die billigste Tankstelle Deutschlands«, lockt der Bürgermeister. Ein Deutsch-Schweizer-Staatsvertrag von 1967 versuchte, Ordnung in das ganze Wirrwarr zu bringen. Der Grund für Büsingens Sonderstatus liegt über 300 Jahre zurück. Damals wurde Büsingen in einen Konfessionsstreit verwickelt. Der Ort gehörte zum katholischen Österreich, war aber zum Protestantismus übergetreten. Der für Schaffhausen zuständige Vogt Eberhard Im Thurn wurde zwar wie seine Untertanen protestantisch, sympathisierte aber weiter mit den katholischen Habsburgern.

Büsingen blieb den Habsburgern treu, zählte so bald zur Badischen Grafschaft und ist heute deutsch und reich. Purer Pomp in bester Lage: Die Rheinmühle, ein nobles Restaurant, gehört der Kommune. Gunnar Lang hat das Gebäude vor einigen Jahren aus seinem Dorfsäckel bezahlt, renoviert und nun verpachtet – darum beneiden ihn die anderen Bürgermeister.

✍ Im Gasthaus ›Waldheim‹ zieht sich die Staatsgrenze quer über die Tische. Bestellen Sie in der Schweiz den guten ›Schweizer Wurstsalat‹ und bezahlen Sie auf dem Stuhl nebenan mit dem Euro.

STADT AACH /// HAUPTSTRASSE 16 /// D-78267 AACH ///
00 49 / 77 74 / 9 30 90 /// WWW.AACH.DE ///

DIE DONAU AUF DER FLUCHT IN DEN BODENSEE

Aachquelle

59

Für die einen ist es die Flucht des Wassers vor dem Schwabenland, für die anderen der Frust des Wassers über das Gesehene im Badenerland. Lange fehlte eine vernünftige Erklärung: Wie konnte das Wasser der jungen Donau so einfach verschwinden? Farbzusätze brachten das Ergebnis ans Licht: Donauwasser, das bei Immendingen versickerte, kam im Aachtopf der Aachquelle wieder zum Vorschein.

Man muss es selbst gesehen haben, sonst will man es nicht glauben. Der kurze Fußmarsch startet bei Immendingen neben dem mit ausreichend Wasser gefüllten Flussbett der Donau. Man geht mit ihr flussabwärts weiter und stellt schnell und deutlich fest, dass der Wasserstand in dem Flussbett sinkt. Nach einigen weiteren Kilometern sieht man erste trockene Stellen in dem Bett, dann schließlich ist es vollends ausgetrocknet. Das Wasser ist verschwunden, die Donau ist weg!

Zugegeben, es muss Sommer oder Winter sein, eine Zeit mit wenigen Regenfällen, dann steigt die Chance, eine Vollversickerung zu erleben. Die erste Nachricht einer Vollversickerung stammt aus dem Jahr 1874. Während Messungen von 1884 bis 1904 jährlich 80 Vollversickerungstage ergaben, steigerten sich diese bis 1937 auf 209 Tage und heute auf 270 Tage.

Der Nachweis der Versickerung gelang 1877, als der Geologe Adolf Knop von der Technischen Hochschule Karlsruhe das Wasser in der Donauversickerung mit Natriumfluorescein, Salz und Schieferöl versetzte. Nach 60 Stunden konnten alle drei Substanzen im Aachtopf nachgewiesen werden, was sich durch prachtvoll grünleuchtendes Salzwasser mit deutlich kreosotartigem Geschmack äußerte. Das Donauwasser, das schließlich nach 11,7 Kilometern im Aachtopf ans Tageslicht quillt, fließt durch den badischen Hegau und mündet bei Radolfzell in den Bodensee. An den etwa 200 Vollversickerungstagen wird damit die obere Donau zu einem Nebenfluss des Rheins.

⌀ Fahren Sie nach Immendingen zur Donauversickerung. Von dort sollten Sie über Mauenheim und Engen den Aachtopf ansteuern. Damit fahren Sie über das poröse Karstgestein, durch das das Wasser sickert. Gutes Schuhwerk nicht vergessen!

TOURIST-INFORMATION /// AUGUST-RUF-STRASSE 13 ///
D-78224 SINGEN /// 00 49 / 77 31 / 8 52 62 ///
WWW.IN-SINGEN.DE ///

Singen sollte man ergehen, entweder über den Stadtgeschichtspfad durch die Stadt, oder wer tiefer in der Geschichte graben will, läuft los vom Rathaus über das Gelände der ehemaligen Gartenschau hinauf auf den Hausberg Hohentwiel. Der Anstieg ist ein geschichtsträchtiger Weg. Informationstafeln helfen dem Wanderer auf die Sprünge. Die Chancen, dass die Sonne scheint, sind gut. Nach meteorologischen Aufzeichnungen gibt es keinen Fleck rund um den Bodensee mit mehr Sonnenschein als auf der Festungsruine Hohentwiel. Glück für die Wanderer und auch für die Winzer. Denn der Hegauberg, mit 686 Metern über Meereshöhe, lässt als höchstgelegener Weinberg Deutschlands Trauben reifen, wo ansonsten nur noch Most zu ernten wäre. Begehrt sind die Rieslingweine. Die besondere Bodenbeschaffenheit des alten Vulkangesteins gibt den Hohentwiel-Weinen einen einzigartigen, kräftigen Eigengeschmack.

Bis 1969 erntete die Winzerfamilie Vollmayer württembergischen Wein vor ihrer badischen Haustür. Dann aber wurde der Hohentwiel badisch. Die württembergische Vorherrschaft auf dem Singener Hausberg hatte nach fast tausend Jahren ein Ende. Dabei hatte die Burg unter württembergischen Herzogsresidenzjahren eine bedeutende Geschichte erlebt. Joseph Victor von Scheffel erzählt in seinem Roman ›Ekkehard‹ von der goldenen Zeit des Hohentwiels.

Heute glänzt die alte Festungsruine mit ihrer epochalen Geschichte, ihrer einzigartigen Lage und ihren illustren Restmauern. Dazu grünt rund um die Burg eine der interessantesten Naturlandschaften. Der Hohentwiel ist Naturschutzgebiet und Bannwald. Viele vom Aussterben bedrohte Kleintiere und seltene Pflanzen leben und wachsen rund um die Ruine.

Übrigens: Zurück vom Hohentwiel führt kein Weg der Stadt an der Industrialisierung vorbei. Maggi bestimmt seit 1887 das Bild. Ein Werksmuseum zeigt das Werden des Schweizer Unternehmens vom kleinen Suppenwürfelproduzenten zum Küchenstudio der Nation. Ein Anruf bei Ursula Guller öffnet die Museumstür: 0 77 31 / 4 55 99.

✎ Der virtuelle Rundgang auf dem Hohentwiel:
www.p-stein.de/hohentwiel-panorama-vr.htm

MARKUS JÄGER KAUFT DAS
HEGAU-LAMM BEI ›DR. SCHÄFER‹

Gourmet-Tipp: Singen

Markus Jäger schaut aus seinem Küchenfenster in ein ganz besonderes Naturschutzgebiet. Manchmal kann er dabei den Schafen im frischen Grün beim Grasen zuschauen, die schon wenige Tage später in seinem Topf duftend schmoren. Rund um sein ›Hegauhaus‹ auf dem Tannenberg des Hohentwiels sorgen die Tiere für den Erhalt der Kulturlandschaft. Gepflegt werden die Schafe von einem promovierten Schäfer namens Dr. Hubertus Both. Der Mann weiß, wie man die Natur auf dem Hohentwiel erhält, und Markus Jäger weiß, wie man die Schafe schmackhaft verwertet.

Für Markus Jäger ist das ganz klar. Er lebt auf dem Hohentwiel und alles, was von dem Hausberg der Singener in der Küche verwertet werden kann, nutzt er. Nur einen Schafsbocksprung entfernt von seinem Gasthaus ist die Schafzucht von Hubertus Both, der die staatliche Domäne auf dem Hohentwiel betreibt. »Die Qualität seines Lammfleisches ist sensationell. Da kann man alles andere vergessen. Egal ob man es mit Lammfleisch aus Friesland oder Neuseeland vergleicht. Seine Lämmer sind die besten«, ist sich Jäger sicher.

Seit 1998 bewirtschaftet der promovierte Agrarbiologe die Domäne. 600 Mutterschafe und 50 Mutterziegen grasen auf den Hängen und tragen so zur Landschaftspflege bei. Both setzt keinerlei synthetische Pflanzenschutz- und Düngemittel oder Futterzusatzstoffe ein. »Das ergibt ein helles Fleisch mit schneeweißem Fett«, freut sich der Koch vom ›Hegauhaus‹. Die optimale Lagerung und die kurzen Transportwege tragen das Ihrige zur Qualität des Hohentwiel-Lammes bei.

Markus Jäger gehört zu den wenigen Köchen rund um Singen, die beim Einkauf nicht nur auf den Preis achten. Für ihn ist es eine Selbstverständlichkeit, dass er die Schafe bei seinem Nachbarn kauft. Ohne die Schafe wäre die Kulturlandschaft Hohentwiel nicht zu bewirtschaften.

Die Domäne Hohentwiel, Auf dem Hohentwiel 6, bietet in ihrem Bauernladen Lammfleisch und Rindfleisch an sowie Führungen durch das Naturschutzgebiet Hohentwiel. Tel: 00 49 / 77 31 / 18 14 06.

WANN WAR DIE GEBURTSSTUNDE DES TOURISMUS AM BODENSEE?

Internationale Bodensee-Tourismus GmbH

Reisende hat der Bodenseeraum schon früh angezogen – streiften doch uralte Handelsrouten den See. Die Handelswege der Etrusker führten über das Tessin und das Rheintal in den keltischen Siedlungsraum im Südwesten, und so manche Amphore italienischen Weins hat auf dieser Route ihren Weg zum keltischen Fürstensitz der Heuneburg in Oberschwaben gefunden. Das ursprünglich keltische Brigantium, Bregenz, später römischer Militärstützpunkt und Kriegshafen, zog sicher viele Handelsreisende aus Nord und Süd an. Handelszentrum war seit dem frühen Mittelalter auch Konstanz. Das dort stattfindende Konzil von 1414 bis 1418 bescherte der alten Bischofsstadt ganz bemerkenswerte Besucher: Bischöfe und Äbte, Kardinäle und Mönche, Gelehrte und Fürsten, ja sogar den Papst und den Kaiser: Sie alle mitsamt ihrem Gefolge, wohl mehr als 30.000 Leute, wurden in Konstanz beherbergt, gastronomisch versorgt und wohl auch anderweitig unterhalten.

Pilgerwege kreuzten seit dem Mittelalter die Bodenseeregion. Die Pilger nächtigten nicht nur in den zahlreichen Klöstern, die eigene Herbergen unterhielten, sondern auch in Gasthäusern, deren Namen ›Zum Kreuz‹ oder ›Zum Engel‹ heute noch auf diese alte Funktion als Pilgerraststätte verweisen. Durchreisende, Handelsreisende hat der Bodenseeraum also schon früh gesehen. Doch seit wann ist die Region Zielort für Touristen? Die ersten Bodensee-Touristen sind wiederum ›Pilger‹ im weiteren Sinne: Es sind Reisende in Sachen Religion und Kultur, Zielorte sind die Kirchen, Klöster, Wallfahrtsorte. Attraktion für die Reisenden waren dabei weniger die bemerkenswerte Architektur oder künstlerische Ausstattung der Kirchen und Klöster, die wir heute so schätzen, wie die alten Malereien der Reichenauer Kirchen oder der überbordende Stuck- und Figurenschmuck der Birnau. Attraktionen waren vielmehr die dort aufbewahrten Reliquien oder heilbringenden Gnadenbilder wie die Markusreliquie der Reichenauer Klosterkirche, das Grab des Heiligen Gallus in der Stiftskirche in St. Gallen oder die Heilig-Blut-Reliquie von Weingarten – die heute noch beim ›Blutritt‹ Tausende Gläubige und Schaulustige anzieht. Oder das Marienbild der Wallfahrtskirche Birnau, bei deren Weihe im Jahr 1750 mehr als 20.000 Pilger am Prozessionszug teilnahmen.

Sinn und Zweck der Wallfahrten zu heiligen Orten war damals das Seelenheil, heute würde man dies als Sinnsuche bezeichnen: Denn der ›Pilgerstrom‹ ist ungebrochen. Zu den ›echten Pilgern‹ haben sich die Kulturtouristen gesellt. Diese haben bereits im frühen 19. Jahrhundert den Bodenseeraum als Reiselandschaft entdeckt. Der erzbischöfliche Baudirektor Franz Baer beschrieb um 1880, anlässlich notwendiger Restaurierungsmaßnahmen das Salemer Münster als ein ›… Kunstwerk gothischer Bauzeit allerersten Ranges, … zu welchem alljährlich Hunderte von Künstlern und Kunstfreunden christlicher Baukunst ziehen, um zu studieren und sich an dessen edlen Formen und der Großartigkeit seiner Conception zu erbauen!‹ Aus wissenschaftlichem Interesse zog es zunächst Gelehrte an den Bodensee, um Abhandlungen und Bauaufnahmen anzufertigen. Aber bereits zu Beginn des 19. Jahrhunderts entstanden kleinformatige Gemälde von Orten und Landschaften rund um den See als touristische Souvenirs, später ergänzt bzw. ersetzt durch Fotografien und Postkartenmotive. Attraktionen des aufkeimenden Kultur- und Sommerfrische-Tourismus waren nicht nur die Kirchen, sondern auch die zahlreichen Schlösser und als Herrschaftssitze oder Sommerresidenzen genutzten säkularisierten Klöster. Mit Salem und der Mainau – 1853 von Großherzog Friedrich I. erworben – besaß das Haus Baden gleich zwei Sommersitze, welche die Tourismus-Entwicklung am Bodensee mit in Gang setzten. Seit den 1930er-Jahren hat dann Graf Lennart Bernadotte die Mainau konsequent zur ›Blumeninsel‹ ausgebaut. Sie ist heute das touristische Zugpferd für die gesamte Bodenseeregion.

Im kleinen Fischerdorf Unteruhldingen besann man sich auf eine ältere Tradition: Den am Bodensee und im Oberschwäbischen entdeckten stein- bis bronzezeitlichen Pfahlbauten widmet sich seit 1922 ein Förderverein; schon früh wurde in dem seit 1922 eingerichteten Museum experimentelle Archäologie und ›Living History‹ betrieben, indem man Pfahlhäuser nachbaute und begehbar machte. Heute zählt das Pfahlbaumuseum mit zu den erfolgreichsten Einrichtungen seiner Art. Im Zuge des aufstrebenden Massentourismus am Bodensee in den 1950er-Jahren wurden auch für Münster und Schloss Salem Kunstführer und kleine Werbebroschüren erstellt. Räume des Schlosses wurden zusätzlich mit Exponaten der Klosterzeit ausgestattet und museal genutzt. Ein Schild aus Salem mit der Aufschrift ›Zur Besichtigung des Schlosses bitte läuten‹ demonstriert diese frühe Phase des Tourismus in Salem. Ein seit den 1990er-Jahren kontinuierlich weiterentwickeltes Tourismus-konzept sollte nicht nur Kunstkenner ansprechen, sondern man zielte auf ein breiteres Publikum, das Besucherprogramm wurde darauf abgestimmt: Erholung, Kunsterlebnis, Weingenuss und Veranstaltungen im historischen Ambiente. Schwerpunkt des Besucherkonzepts in Salem ist nach wie vor die Vermittlung der klösterlichen Kultur, der innovativen Wirtschaftsweise des Zisterzienserordens sowie der politischen, künstlerischen und architektonischen Bedeutung des Klosters, die sich an den historischen Gebäuden ablesen lässt. Auch die Insel Reichenau schöpft inzwischen ihre Geschichte touristisch aus: Seit 2000 hält das UNESCO Weltkulturerbe Reichenau für Besucher Führungsangebote in den drei berühmten Kirchen sowie Informationszentren zur Reichenauer Klosterkultur und Kunst bereit. Dass das Emblem ›Weltkulturerbe‹ inzwischen vor allem auch als Marketing-Instrument dient, steht außer Frage – mit weitreichenden Folgen. Denn zunehmende Besucherströme bringen auf der Reichenau wie an anderen Welterbestätten Probleme mit sich: Eine höhere Besucherfrequenz setzt den historischen Gebäuden und ihrer originalen Ausstattung oft stark zu. Andererseits vermag das Etikett ›Weltkulturerbe‹ möglicherweise Interesse am Denkmal und am Denkmalschutz bei breiteren Bevölkerungsschichten zu wecken, die sonst schwer Zugang zu diesen Themen fänden. Nicht unerwähnt lassen darf man die Bodenseereisenden, die freiwillig oder unfreiwillig hier eine neue Heimat gefunden haben. Hortense de Beauharnais, Tochter der Kaiserin Josephine und Mutter Napoleons III., fand auf Schloss Arenenberg Zuflucht, Annette von Droste-Hülshoff lebte von 1842 bis zu ihrem Tod 1848 auf der alten Burg Meersburg. Hermann Hesse und Otto Dix zogen sich auf die Höri zurück – um nur die bekanntesten zu nennen. Sie alle locken durch ihr Wirken am See heute wiederum zahlreiche ›moderne Pilger‹ an den Bodensee. Mögen es nun 2000 oder 200 Jahre Tourismus am Bodensee sein: Für die Zukunft gilt, dass die touristischen Kräfte gebündelt werden, wie es die neue Struktur des Internationalen Bodensee-Tourismus vorgibt. Tourismus verleiht der Region ja nicht nur wirtschaftliche Prosperität, sondern hilft auch, die zahlreichen Kulturdenkmäler zu erhalten und die reizvolle Landschaft zu schützen. Wenn alle Akteure unter dem Dach des Internationalen Bodensee-Tourismus dieselbe Richtung einschlagen, glänzen die landschaftlichen und kulturellen Juwele der Region nicht nur für die Gäste, sondern auch für die Einheimischen noch weitere Jahrhunderte.   *Birgit Rückert*

INTERNATIONALE BODENSEE TOURISMUS GMBH ///
HAFENSTRASSE 6 /// D-78462 KONSTANZ ///
00 49/75 31/90 94 90 /// WWW.BODENSEE.EU ///

STECKBORNTOURISMUS /// CH-8266 STECKBORN ///
00 41 / 52 / 7 61 10 55 /// WWW.STECKBORNTOURISMUS.CH ///

ALS ›BERNINA‹ NOCH ›GEGAUF‹ HIESS
Steckborn

61

Die Sensation ist nicht nur das erste Auto der Schweiz. Es ist die Nr. 1, ein Benz aus Mannheim und wurde 1893 dort gebaut. In die Schweiz eingeführt wurde es von einem gewissen Fritz Gegauf. Der Mann hatte gerade die erste Hohlsaum-Nähmaschine erfunden. Der Name Gegauf wurde daraufhin so bekannt, dass man nicht zum ›Nähen‹, sondern zum ›Gegaufen‹ ging. Seine erste Nähmaschine sowie auch sein erstes Auto stehen heute im ›Museum im Turmhof‹ in Steckborn.

Mit dem Turmhof wurde der Grundstein für das heutige Steckborn gelegt. Im Turmhof ist die Geschichte der Bodenseestadt dokumentiert. Die Gegend um Steckborn war nachweislich schon im 2. Jahrtausend v. Chr. besiedelt, wie Reste von Seeufersiedlungen zeigen. Aus der Römerzeit sind einige Teile von Wachtürmen und befestigten Bauten erhalten. Vermutlich im 9. Jahrhundert kam das Dorf in den Herrschaftsbereich des Klosters Reichenau, in dieser Zeit wurde der Turmhof errichtet.

Hans-Peter Hausammann ist der Präsident der Heimatvereinigung. Er kennt jedes Detail in seinem Museum. Er schaut aus einem der Museumsfenster auf den See und erinnert sich, wie in der Nazizeit die Deutschen sichtbar eine Grenze über die Wasseroberfläche zogen. »Trotzdem sind damals viele Seeanwohner von der deutschen Seite zu uns auf einen Schluck Wein gekommen und danach wieder nach Hause gefahren.« Doch offiziell wurde die Grenze immer undurchdringlicher, für Menschen wie für Waren. Hohe Einfuhrsteuern der Deutschen taten ein Übriges, dass die deutschfreundliche Stimmung auf den Nullpunkt fiel. Das war auch der Grund für die Namensänderung der Gegauf-Werke. Denn Fritz Gegauf, der Gründer der Steckborner Nähmaschinenfabrik, war ein Deutscher. Diese Vergangenheit wollte man 1935 verwischen und es musste ein Schweizer Name gefunden werden. Der Schweizer Berg ›Bernina‹ samt Namenszug ziert seither die Nähmaschinen.

✎ Die Kirche erhielt 1835 einen Turm, geplant und erbaut von einem Zimmermannslehrling im ersten Lehrjahr: Ferdinand Stadler. Den Turm kann man besteigen.

TOURISMUS STEIN AM RHEIN /// OBERSTADT 3 ///
CH-8260 STEIN AM RHEIN /// 00 41 / 52 / 7 42 20 90 ///
WWW.STEIN-AM-RHEIN.CH ///

VIER (!) INSELN HAT DER SEE
Insel Werd

62

Die Gemüseinsel Reichenau ist die größte, die Blumeninsel Mainau die farbenfrohste, und auf der Insel Lindau steht die Altstadt der bayerischen Seemetropole. Diese drei Inseln muss jeder Prüfling für das Bodenseeschiffer-Patent kennen. Doch eine vierte Insel liegt verträumt am Ende des Sees zwischen Steckborn und Stein am Rhein: die Insel Werd.

Die Insel liegt mitten im Ausfluss des Rheins aus dem Untersee. Man kann streiten, ob sie noch im Bodensee oder schon im Rhein liegt. Bewohnt war sie schon in der Steinzeit. Ausgrabungen legten auch hier Pfahlbauten frei. Die Römer gründeten nebenan Stein, 400 n. Chr. besiedelten die Alemannen die Gegend. Auf der Insel selbst soll im Jahre 612 Mönch Gallus eine Eremitenzelle errichtet haben, 759 fand der ehemalige Abt Otmar nach seiner Vertreibung aus dem Kloster St. Gallen hier Schutz. Die St.-Otmar-Kapelle erinnert noch immer an ihn, und noch heute leben Mönche auf der kleinen Insel.

Es ist eine Insel der Stille und der inneren Einkehr. Das kleine Eiland ist zweigeteilt. Das kleine Kloster und die Kapelle stehen in der Mitte, ein Zaun verhindert das Umwandern der Insel. Im hinteren Teil haben die Mönche einen Gemüsegarten angelegt, im vorderen Teil begrüßen drei Ziegen und ein stattlich gewachsener Kater die Gäste.

Jeden Morgen um kurz vor 7 Uhr läutet das Glöckchen zum Morgenlob, um 12 Uhr zum Mittagsgebet und abends um 18 Uhr zum Abendlob. Nur eine Handvoll Mönche lebt in dem kleinen Kloster. Die meisten von ihnen verdienen sich ihr Geld in der Umgebung der Insel, doch die Gebetszeiten werden streng eingehalten.

Allerdings kommen die wenigsten Gäste genau zu diesen Zeiten. Sie wollen einfach einmal auf der kleinsten Insel des Sees gewesen sein, den Blick nach Stein am Rhein genießen, ein bisschen die Ruhe am Schilfufer erfahren, in der kleinen Kapelle oder in einem extra dafür angelegten Labyrinth meditieren. Bruder Benno bedauert: »Die meisten kommen, essen auf der Parkbank ihr Vesperbrot, lassen das Papier liegen und verschwinden wieder.«

Eine Auswahl von prähistorischen, römischen und mittelalterlichen Originalfunden ist im Archäologischen Museum in Frauenfeld ausgestellt.

NAPOLEONMUSEUM /// SCHLOSS ARENENBERG ///
CH-8268 SALENSTEIN /// 00 41 / 71 / 6 63 32 60 ///
WWW.NAPOLEON3D.DE ///

VON FRANZÖSISCHEN PUTSCHISTEN
Salenstein

63

Oberhalb von Ermatingen, mit einem wunderschönen Blick über den Untersee, auf die Höri, die Hegaulandschaft und auf Konstanz, liegt das Schloss Arenenberg. Bekannt ist es auch als Napoleon-Schlösschen. Doch nicht Napoleon I., sondern Napoleon III. lebte hier längere Zeit. Er war der Sohn von Josephines Tochter Hortense, die Napoleon I. nach langer kinderloser Ehe adoptiert hatte. Napoleon III. hatte weniger Probleme mit der Zeugung seiner Nachkommen. Zu seiner Zeit sollen rund um den Arenenberg viele Bonapartes geboren worden sein.

Es war eine recht unsichere Zeit. Charles-Louis-Napoleon Bonaparte fühlte sich als der rechtmäßige Erbe von Napoleon I. Dummerweise saß er am Bodensee im Exil. Doch der Mann besaß einen enormen Durchsetzungswillen. Er versuchte, über Straßburg in Paris zu putschen, schaffte es schließlich zum Kaiser von Frankreich und wurde 1848 Präsident der zweiten Republik.

Im Schlösschen Arenenberg kann man noch heute einen Hauch französischer Adelswelt erahnen. Hortense war, bevor sie nach Napoleons Niederlage an den Bodensee flüchtete, Königin von Holland. Sie gestaltete das Schlösschen auf dem Arenenberg nach ihrem Geschmack. Die Inneneinrichtung und die herrlichen Parkanlagen zeugen noch heute von dem französischen Charme des 19. Jahrhunderts. Neben kostbaren Gemälden und wertvollem Mobiliar aus den Sammlungen Napoleons I. und seiner Familie finden sich Gegenstände des täglichen Bedarfs, technische Errungenschaften und kostbare Bücher.

Eugénie, die Ehefrau von Napoleon III., schenkte das gesamte Anwesen 1906 dem Thurgau, nachdem ihr Mann gestorben war. Die Bonapartes erwiesen sich wohl immer als recht großzügig. Auch die unehelichen Kinder sollen fürstlich abgefunden worden sein. So manch arme Reichenauer Fischerstochter wohnte nach einer überraschenden Schwangerschaft plötzlich in einem schmucken Häuschen.

🖉 Buch-Tipp: Jakob Hugentobler: ›Die Familie Bonaparte auf Arenenberg‹, Salenstein 1989.

TOURISMUS STEIN AM RHEIN /// OBERSTADT 3 ///
CH-8260 STEIN AM RHEIN /// 00 41 / 52 / 7 42 20 90 ///
WWW.STEIN-AM-RHEIN.CH ///

»HOW NICE!« »LOOK HERE.« »LOOK THERE.«

Stein am Rhein

64

»Wir haben hier viel zu sehen«, lockt Yvonne Brähler vom Tourismusbüro von Stein am Rhein und zählt auf: »Das Kloster St. Georg, die Burg Hohenklingen und das Lindwurm-Museum.« Schnell nimmt sie einen Flyer der Stadt zur Hand, um nachzulesen, was es noch in Stein zu besichtigen gibt. Dabei sitzt sie selbst in einem der sehenswertesten Häuser ihrer Stadt, dem ehemaligen Bürgerasyl, erbaut im 9. Jahrhundert.

Vor der Zeit der Digitalkameras kostete Touristen der Besuch in der Innenstadt von Stein am Rhein ganze Filme. »How nice!« »Look here.« »Look there.« Ob Amerikaner, Japaner oder auch biedere Schwaben aus dem angrenzenden Deutschland, sie geraten beim Anblick der kunstvoll geschmückten Gebäude aus dem Häuschen. In den malerischen Gassen und auf dem Rathausplatz bezaubern zahlreiche Bürgerhäuser mit ihren Erkern und Fassadenmalereien aus verschiedenen Epochen. Das im 16. Jahrhundert erbaute Rathaus diente früher als Kaufhaus. Hier ist heute im großen Ratssaal ein Museum mit Standes- und Städtescheiben, Rüstungen, Waffen sowie Bannern und Fahnen der Steiner untergebracht.

Im Lindwurm-Museum erkennt der Gast schnell, wie im Mittelalter die Hierarchie der Innenstadt aufgebaut war. Die erlauchten Familien wohnten in den herrschaftlichen Häusern mit Blick auf den sonnigen Marktplatz. Im Hinterhof waren die Bediensteten untergebracht. In zum Teil noch originalen Zimmern wandelt der Besucher durch die Wohnungen der Patrizierhäuser und vollzieht im Geiste den Übergang bürgerlichen Wohnens aus dem 18. ins 19. Jahrhundert.

Yvonne Brähler schaut sich stolz in ihren neuen Büroräumen um: »Tradition und Moderne!« Das könnte das neue Motto von Stein am Rhein sein. Das gesamte Ensemble wurde behutsam umgestaltet, vom einstigen Bürgerasyl des frühen Mittelalters zu dem heutigen Verwaltungsgebäude. Treten Sie ein, wie gesagt, die gesamte Stadt ist ein herausgeputztes Museum.

  Im Gasthaus ›Zur Ilge‹, Rathausplatz 14, essen auch die Einheimischen. Es ist eine ganz normale Wirtschaft mit den besten Rösti, wie sie nur die Schweizer zubereiten können.

TOURISMUS UNTERSEE E. V. /// **IM KOHLGARTEN 2** ///
D-78343 GAIENHOFEN /// 00 49 / 77 35 / 91 90 55 ///
WWW.TOURISMUS-UNTERSEE.DE ///

Man kann den Hochrhein auch schwimmend genießen. Es ist sogar ein besonders intensives Vergnügen, mit wasserdichter Ortliebtasche kilometerlang! Die Schwimmer werfen ihre Taschen mit den Kleidungsstücken in den Rhein und springen hinterher. Gemeinsam lassen sie sich kilometerweit treiben.

Wo der Bodensee zu Ende geht, ist das Vergnügen noch lange nicht vorbei. Auf dem Untersee, zwischen dem schweizerischen Mammern und dem deutschen Kattenhorn, wird es eng. Plötzlich bekommt der See eine schnelle Strömung. Der Rheinabfluss wirkt wie ein Sog. Hier beginnt für Andreas Ellengast der allerschönste Teil einer möglichen Bootstour auf dem Bodensee: »Hier wird es spannend, hier gibt es Untiefen und Strömungen, links und rechts rückt die Landschaft ganz nah heran«, erzählt der Leiter des Konstanzer Schifffahrtsamtes, wohl wissend, dass der See längst hinter ihm liegt. Wer diese Strecke mit einem Boot befahren will, benötigt ein entsprechendes Patent. Während die Strömung des Seerheins bei Konstanz etwa 0,5 Meter pro Sekunde beträgt, ist sie auf dem Hochrhein bei Stein am Rhein schnell bei 2 Metern pro Sekunde, je nach Wasserführung auch mal bei 4 Metern.

Andreas Ellengast steuert seine Gondel gekonnt an Schifffahrtszeichen und Kiesbänken vorbei. Zu sehen gibt es viel: die alte Eisenbahnbrücke bei Hemishofen, die Propstei Wagenhausen, die Bibermühle, die deutsche Enklave Büsingen und schließlich die Burg Munot bei Schaffhausen. »Ortskenntnis ist auch nicht schlecht«, lacht Ellengast, der in seinem Job den Kapitänen das Hochrheinpatent ausstellt, »es schadet als Hochrheinschiffer nicht, wenn man weiß, dass bei Schaffhausen der Wasserfall kommt.«

Das oben erwähnte Schwimmvergnügen im Rhein ist übrigens nur guten Schwimmern zu empfehlen. Man muss seine Tasche vor sich steuern und es wieder an Land schaffen. Gut ist auch, wenn man vor dem Start für die Rückreise gesorgt hat.

☞ Steigen Sie vor Stein am Rhein ins Wasser, lassen Sie sich an der Promenade vorbeitreiben und gehen Sie danach wieder an Land, dann können Sie auch zu Fuß wieder zurücklaufen.

SCHAFFHAUSERLAND TOURISMUS /// HERRENACKER 15 ///
CH-8201 SCHAFFHAUSEN /// 00 41 / 52 / 6 32 40 20 ///
WWW.SCHAFFHAUSERLAND.CH ///

EINE FEUCHTE, FRISCHE PRISE GISCHT WEHT ÜBER DEN KESSEL

Schaffhausen

Vor 15.000 Jahren hat es ihn noch gar nicht gegeben. Erst in der soge-nannten Würmeiszeit wurde der Rhein in weitem Bogen gegen Süden abgedrängt und erreichte oberhalb des Falles sein heutiges Bett. Beim Übergang von den harten Malmkalken zur leicht abtragbaren riss-eiszeitlichen Schotterrinne entstand der Rheinfall in seiner heutigen Form.

Den meisten Touristen ist die geologische Erklärung gleich-gültig. Sie zücken die Kameras und drücken auf den Auslöser. Un-unterbrochen wälzt sich über den Rheinfall eine riesige Wasserflut von rund 1.000 Kubikmetern Wasser pro Sekunde. Der Fall ist über 20 Meter tief und die gesamte Felsstufe über 150 Meter breit. Es ist ein phänomenales Bild und eine laute Geräuschkulisse. Der Rheinfall bei Schaffhausen ist der größte Wasserfall Europas.

Heute ist das Naturschauspiel Magnet für jährlich zwei Millio-nen Touristen. Doch vor gar nicht langer Zeit wollten eifrige Inge-nieure den Fels sprengen. Der Hochrhein-Schifffahrt war das geo-logische Hindernis schon immer ein Dorn im Auge. Dabei ist gerade der Wasserfall der Grund für den Reichtum Schaffhausens.

Die Stadt Schaffhausen entstand etwa um das Jahr 1000. Hier war einer der wenigen Orte, an dem man den Rhein mit Pferden überqueren konnte. Diese Furt und der Rheinfall unterbrachen die Wasserstraße vom Bodensee in Richtung Basel. Die Schiffe wurden entladen, und die Waren mussten auf dem Landweg bis unterhalb des Rheinfalls transportiert werden. Schaffhausen wurde dadurch zu einem wichtigen Umschlagplatz und die Schaffhauser reich.

Im Jahr 1049 wurde das Kloster zu Allerheiligen von Ita und Eberhard von Nellenburg gegründet. Heute ist es ein sehenswertes Museum. Museal allerdings wirkt die gesamte Altstadt. Keine Auto-abgase, dafür romantische Gassen, buntbemalte Fachwerkhäuser, herrschaftliche Bürgerhäuser rund um den historischen Marktplatz und 171 Erker sorgen für ein besonderes Flair.

✐ Ein Panoramaweg vom Schlösschen Wörth aus beim Rheinfall führt in 40 Minuten rund um den Wasserfall.

BILDVERZEICHNIS

ENTDECKEN SIE GENÜSSE AUS IHRER NÄHE

»Am See des Geschmacks«

Kennen Sie Agrest? Das ist der Grünsaft von unreifen Trauben. Jahrhunderte am See ein Ersatz für teure Zitronen, heute als Verjus ein raffiniertes Säuerungsmittel in der Gourmetküche der Bodensee-Köche. Oder die Bülle? Die herzhafte Höri-Zwiebel, in die jeder Höri-Bürger kraftvoll wie in einen Apfel hineinbeißt. Kehren Sie mit Erich Schütz in althergebrachten Küchen oder bei traditionellen Hofbauern ein und spüren Sie die kulinarischen Geheimnisse des Bodensees auf – und lernen Sie zusätzlich 11 besonders innovative Winzer kennen.

Erich Schütz
Bodensee
66 Lieblingsgenüsse und
11 Winzer
978-3-8392-1284-4

LIEBLINGSPLÄTZE FINDEN SIE ÜBERALL!

Liebevoll ausgestattete Reiselesebücher mit individuellen Tipps, die Lust aufs Entdecken und mehr machen.

ISBN 978-3-8392-1471-8

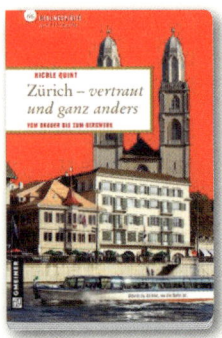

ISBN 978-3-8392-1359-9

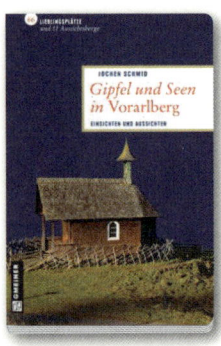

ISBN 978-3-8392-1364-3

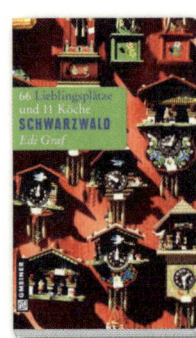

ISBN 978-3-8392-1156-4

ISBN 978-3-8392-1162-5

ISBN 978-3-8392-1259-2

DIE SCHÖNSTEN ORTE MIT DEN AUGEN DES AUTORS BETRACHTEN – LASSEN SIE SICH ENTFÜHREN!

GMEINER